오늘을 넘어야
내일이 있다

오늘을 넘어야
내일이 있다

초판 1쇄 발행 2026년 1월 31일

지 은 이 이완섭
발 행 인 권선복
편 집 권보송
디 자 인 김소영
전 자 책 서보미
마 케 팅 권보송
발 행 처 도서출판 행복에너지
출판등록 제315-2011-000035호
주 소 (157-010) 서울특별시 강서구 화곡로 232
전 화 010-3267-6277
팩 스 0303-0799-1560
홈페이지 www.happybook.or.kr
이 메 일 ksbdata@daum.net

값 20,000원

ISBN 979-11-24134-11-5 (03810)

오늘을 넘어야 내일이 있다

서산에서 증명한 선택과 책임의 기록

이완섭 지음

도서출판 행복에너지

프롤로그

"지금 이 자리에서, 내일을 바라본다는 것"

시장의 자리는 언제나 오늘의 중심에서 내일의 지평을 바라보아야 하는 곳이다. 이 책은 서산시장으로서 걸어온 시간의 단순한 기록이 아니다. 성과의 나열이 아니라, 그 성과를 만들어낸 도시의 고민, 선택, 변화의 방향을 담아낸 '과정의 연대기'이다. 미래를 향한 거대한 여정은 한 사람의 결심에서 시작되더라도, 그 완성은 결국 시민의 눈빛과 염원 속에서 이루어진다는 믿음이 이 기록을 세상에 내놓는 이유다.

행정은 순간의 편의보다 미래 세대의 지속가능성을 우선해야 하는 백년지대계(百年之大計)다. 민선 8기의 시간 동안 우리는 도시의 운명을 가르는 몇 가지 질문과 마주했다. 지난 반세기 동안 서산의 성장을 이끌어온 석유화학 산업이 전환의 문턱에 선 지금, 우리에게 남은 선택지는 단순한 유지가 아니라 '새로운 50년의 지도'를 그려내는 일이었다. 익숙함을 고수하는 안온한 길을 버리고, 서산의 미래를 선도적 위치에 올려놓기 위한 결단과 용기가 필요했다.

우리는 도시의 정체성을 새롭게 짜 맞추고자 했다. 기존 산업의 뿌리를 잘라내는 것이 아니라, 그 위에 '친환경'과 '첨단'이라는 새로운 축을 더해 도시 체질을 고도화하는 전략이었다. 폐기물 처리시설은 탄소순환 플랫폼으로의 진화를 예고했고, 항공 산업의 변곡점에서는 SAF(지속가능항공유)와 UAM(도심항공교통)의 가능성이 서산의 하늘을 새롭게 열었다. 교육 또한 단순한 학력 제고를 넘어, 지역 산업과 긴밀히 연결된 '정주형 인재 생태계'를 구축하는 방향으로 전환했다. 외부의 가능성을 끌어오는 도시가 아니라, 내부의 씨앗을 틔워 서산 전체를 하나의 혁신 플랫폼으로 만드는 길을 선택한 것이다.

이 책은 바로 그 씨앗을 심고, 물을 주고, 도시의 미래 지도를 완성해 가는 과정에서 얻은 통찰의 집합이다. 눈앞의 성과보다 보이지 않는 체질을 바꾸는 데 더 많은 시간과 에너지를 들여야 했고, 낯선 시도 앞에서 우려와 걱정이 따라온 것도 사실이다. 그러나 행정의 본질은 두려움을 설득으로, 불가능을 현실로 바꾸는 '가교(架橋)'의 역할이라 믿어 왔다.

나는 서산이라는 도시에 깊은 확신을 갖고 있다. 이 도시가 지닌 역동성과 잠재력은 세계 어느 도시와 견주어도 부족함이 없다. '지금 이 자리에서 내일을 바라본다'는 말은, 그 가능성을 시민과 함께 나누고 스스로 실천하겠다는 나의 흔들림 없는 다짐이다.

이 책을 펼친 모든 분이 서산의 과거·현재·미래가 하나의 맥락으로 이어져 있음을 발견하고, 이 길을 함께 걸어가는 동행자가 되어 주기를 바란다. 서산의 가장 찬란한 내일은 아직 오지 않았다. 그것은 지금도 우리 곁에서 조용히, 그러나 분명하게 다가오고 있다.

2025년 12월

서산시장 이완섭

추천사

강우현

남이섬 부회장/멀티 크리에이터/명예 문화예술경영학 박사

해 뜨는 서산을 꿈꾸며 상상을 현장에서 실현해 온 이완섭 시장은 서산의 오늘을 온몸으로 사랑하며 해 뜨는 내일로 이끌어가는 상상의 리더이자 충남 서산을 전국에서 알아주는 도시로 업그레이드시킨 행정가이다. 그가 일으킨 크고 작은 변화의 중심에는 사람으로서의 도리를 중시하고 작은 일에도 관심과 사랑을 나누는 마음이 있다.

오늘날 세계적인 관광지로 알려진 남이섬의 부활은 굴러다니는 쓰레기를 상상자원으로 활용했기 때문이다. 해미 언암리의 흙과 바람, 자녀와 부모, 이웃 간의 사람의 도리(道理), 예술적 감성과 시(詩)를 품은 인간미와 감수성, 그리고 공직자의 담백함으로 다져진 신념들이 이완섭 시장의 상상자원이다.

『오늘을 넘어야 내일이 있다』는 정책과 성과의 자랑거리를 넘어 도시를 다시 읽고 써 온 행정가의 창조일기다. 소각장 갈등을 넘어선 13년의 인내, 수석동 도시개발의 숨 막히는 설득과 추진, 서령버스 회생, 산폐장 논란, 초록광장의 왜곡과 진실, 그리고 200년 만의 폭우 속에서 드러난 책임의 무게까지. 그 모든 과정에서 그는 행정을 예술처럼 다루며 어떤 방식으로 도시를 설계해 왔는지를 명료하게 보여준다.

가로림만 국가해양생태공원, 한우목장길, 가야산 산림복지단지, 안전과 복지 제도의 혁신, 문화·예술·관광의 확장, 그리고 UAM·SAF·이차전지·국가산단으로 이어지는 미래 전략까지. 그의 선택은 모두 '서산의 풍경을 미래의 언어로 다시 쓰는 창조작업'이었다. 그는 도시의 경계를 넘어 국가와 세계의 산업 지형 속에서 서산의 좌표를 다시 찍는다. 이 대담한 비전은 포장된 화려함이 아니라, 수십 년의 공직 경험과 서산인으로 다져진 깊은 책임감에서 비롯된 것이리라.

진실의 기록과 비전의 공유를 향한 이완섭 시장의 작은 외침에 일독을 권한다. 도시를 사랑하는 모든 사람과 미래를 설계하는 리더들, 오늘을 넘어 더 나은 내일로 나아가는 분들에게 대답을 들려줄 것이다.

2026년 원단

강우현

윤은기

경영학박사, 한국협업발전포럼 회장

행정자치부 중앙공무원교육원장(24대)

나는 이 책의 저자 이완섭 시장을 오래전부터 알고 있다. 행정자치부 중앙공무원교육원장을 맡고 있던 시절, 그는 행정자치부 과장으로 한 부서를 책임지고 있었다. 교육의 자리에서, 정책의 자리에서, 우리는 여러 차례 같은 방향을 바라보며 행정과 리더십을 이야기해 왔다. 말보다 태도를 중시하고, 형식보다 본질을 고민하던 그의 자세는 그때나 지금이나 크게 달라지지 않았다.

이후 그는 서산아카데미와 직장교육의 강사로 나를 초청했고, 나는 그 도시가 무엇을 지향하는지 직접 확인할 수 있었다. 배움의 장을 행정의 변두리가 아니라 중심에 두려는 시도, 시민을 정책의 수혜자가 아니라 성장의 주체로 세우려는 의지가 인상 깊었다. 아울러 내가 회장으로 있는 '백강포럼'에 회원으로 참여하며, 그는 행정의 울타리를 넘어 지속적으로 사유하고 토론하는 리더의 모습을 보여주었다.

『오늘을 넘어야 내일이 있다』는 이런 축적의 결과물이다. 이 책은 단순한 자서전이 아니다. 해미 언암리에서 시작된 삶의 뿌리, 공직에서의 선택과 책임, 갈등과 시련의 시간, 그리고 도시의 미래를 향한 전략적 구상이 하나의 흐름으로 이어진다. 특히 5S·5품 행정, 조직 언어의 혁신, 위기 앞에서의 결단은 실천형 리더십이 무엇인지를 분명히 보여준다.

무엇보다 이 책에서 인상 깊은 점은 기록의 태도다. 성과만을 말하지 않고, 논란과 오해, 법적 다툼까지 사실에 근거해 남기려는 자세는 공직자에게 가장 필요한 용기다. 기록은 개인의 방어가 아니라, 공동체의 자산이기 때문이다. 덧붙이자면, 서산 정미면이 당진 관할이 되기 전까지 나는 서산 출신으로서 이 도시를 마음의 고향처럼 여겨왔다. 그런 의미에서 이 책은 한 도시의 성장을 넘어, 지역과 국가를 함께 고민해 온 한 행정가의 성실한 답변처럼 읽힌다.

『오늘을 넘어야 내일이 있다』는 오늘의 선택이 어떻게 내일의 기회로 이어지는지를 증명하는 책이다. 나는 이 책을 공공 리더십을 고민하는 모든 이들에게 기꺼이 추천한다.

2026년 원단

윤은기

이시형

정신건강의학과 전문의

힐링 · 긍정심리학 연구자, 국가정신건강위원회 위원

우리는 한 사람의 에너지를 말이 아니라 태도를 통해 느낄 때가 있다. 미래학당 ZOOM 강의에서 나는 이완섭 시장을 그런 사람으로 보아왔다. 화면을 통해 전해지던 그의 집중력과 성실함, 그리고 배움에 임하는 태도의 순도는 처음부터 분명했다. 배우고 실천하는 일 앞에서 나이가 장애가 되지 않고, 경력이 벽이 되지 않는 사람. 나는 그런 사람을 인생에서 자주 만나지 못했다.

그는 단 한 번도 강의를 가볍게 대하는 법이 없었다. 매 주말마다 자리를 지켰고, 작은 개념 하나도 자기 일처럼 받아들이며 깊이 고민했다. 질문 하나, 메모 하나에 담긴 진지함은 오히려 강의를 진행하는 나에게 스스로를 돌아보게 했다. 지도자의 자리에 있으면서도 배움의 끈을 놓지 않는 사람, 그리고 그 배움을 곧바로 현실의 행정과 시민의 삶에 연결하려는 실천가는 흔치 않다. 나는 그 희귀한 태도를 이완섭 시장에게서 분명히 보았다.

이 책은 한 도시를 이끄는 리더의 기록이지만, 그보다 먼저 한 사람이 자기 자신과 싸우고, 스스로를 이겨내며 한 단계씩 성장해 온 시간의 아카이브에 가깝다. 나는 정신의학과 인문학의 경계를 오가며 '성장하는 인간'의 가치를 연구해왔다. 그 관점에서 보자면, 이완섭 시장은 자신의 삶과 역할을 끊임없이 진화시키는 리더다. 배운 것을 흘려보내지 않고, 공동체를 위해 다시 길을 내며, 매일의 선택을 통해 도시의 미래를 조용하지만 분명하게 바꾸어가는 사람이다.

독자 여러분께 이 책을 권하고 싶은 이유가 여기에 있다. 이 책은 도시의 이야기이면서 동시에, 한 사람이 어떻게 단단해지는가에 대한 소중한 증언이다. 혼란과 불확실성이 일상이 된 시대에, 이 책은 조용하지만 분명한 힘을 건넨다. 읽고 나면 마음 한편이 묵직해지면서도, 다시 삶을 감당할 용기가 생긴다. 그것이 건강한 태도가 가진 힘이며, 이 책이 우리에게 남기는 가장 깊은 선물이다.

2026년 원단

이시형

목차

제2부 삶의 결을 바꾸는 따뜻한 변화

제3장 도전과 시련 – 멈추지 않는 용기

제4장 유비무환, 쉼표가 있는 일상

제5장 모두의 품, 곁을 보듬는 온기

제6장 일상을 깨우는 향기

제7장 발길 닿는 곳마다 안심

제3부 내일의 지도를 그리는 마음

제8장 내일로 가는 길목

제9장 꿈이 자라는 텃밭

제10장 약속된 미래의 씨앗

제1부

뿌리의
시간들

1 떡잎에서 열매까지

1.

해미 언암리, 흙과 바람이 내 스승이었다

들판의 바람은 언암리 골목을 스치며 자라던 소년의 뺨을 쓰다듬었다. 작은 집 안에서 어머니의 따뜻한 손길은 콩 한 알을 쪼개 나누던 사랑의 등불이었고, 아버지의 묵직한 침묵은 삶을 지탱하는 기둥이 되어 마을의 갈등을 잠재우는 울림이었다.

나는 그늘 속에서 바르게 자라는 나무가 되었고, 시장길의 북적임과 농악의 북소리는 내 뿌리로 흘러들어와 지금의 나를 지탱하는 토양이 되었다.

나는 충남 서산 해미면 언암리에서 태어나 자랐다. 지금은 공군 제20전투비행단이 자리 잡은 그 땅이 내게는 인생의 첫 교과서이자 가장 아름다운 무대였다. 아침이면 논길 위로 안개가 피어오르고, 저녁이면 서산의 붉은 노을이 지붕을 덮었다. 흙과 짚, 그리고 어머니 된장국의 향기가 내 유년의 공기를 이루었다.

봄이면 보리가 초록의 물결로 일렁이고, 여름이면 지금의 비행단 자리에 펼쳐졌던 갯벌에서 아이들은 망둥이를 잡으며 해 질녘까지 물놀이를 즐겼다. 가을이면 황금빛 들녘이 어머니의 품처럼 따뜻했고, 겨울의 들바람은 매서웠지만 그 속에는 사람의 체온이 있었다.

그 시절 해미는 가난했지만 행복했다. 양철처마를 때리는 빗소리에도, 문풍지 사이로 스며드는 바람에도 서로의 웃음이 섞여 있었다. 나는 그 웃음 속에서 세상을 배웠고, '함께'라는 말의 무게를, '정(情)'이라는 단어의 깊이를 알았다.

해미읍내 5일장은 내 유년의 또 다른 학교였다. 일곱 살 무렵 처음 어머니 치맛자락을 잡고 따라간 장터에서 어머니를 놓쳐 울음을 터뜨렸던 기억이 아직도 생생하다. 군중 속에서 어머니를 다시 찾았을 때의 안도감은 평생 지울 수 없는 따뜻한 추억이 되었다. 북적임 속의 울음도, 농악의 흥겨운 북소리도 모두 내 뿌리로 스며들어 오늘의 나를 떠받치는 자양분이 되었다.

"흙은 나를 키웠고, 바람은 나를 데려갔다.
그러나 나를 다시 돌아오게 한 것은 언제나 고향의 온기였다."

2.

부모님의 삶에서 배운 도리道理

부모님은 말보다 행동으로 가르치셨다. 어머니는 작은 체구였지만 강단을 품으셨고, 언제나 따뜻하고 너그럽게 사람을 품어주셨다. "콩 한 알도 나누어 먹는다"라는 말이 그분의 삶 그대로였다. 늦은 밤 광주리 장사꾼이나 봇짐장수가 우리 집 앞을 지나면 어머니는 망설임 없이 대문을 열고 "자고 가라"고 하셨다. 그 모습을 보며 나는 배웠다. 나눔이란 물질의 많고 적음이 아니라 마음에서 비롯된다는 것을.

해미읍내 5일장과 어머니의 삶은 닿아 있었다. 광주리를 머리에 이고 양손에 물건을 들고 십여 리 길 해미 장터로 걸어가시는 어머니의 뒷모습은 늘 당당했다. 시장으로 향하는 그 걸음에서 나는 생활의 의지와 품격을 동시에 배웠다. 어머니는 이후에도 가족의 기둥으로 남아 98세까지 장수하시며 우리 곁을 지켜주셨다. 그 자체가 하나의 인간학이었다.

아버지는 말수가 적으셨다. 대신 실천으로 삶의 태도를 보여주셨다. 형과 내가 다툴 때면 아버지는 엄하게 꾸짖으셨고, 나는 곧잘 잘못을 인정했지만 형은 끝까지 버티곤 했다. 그때는 이해하기 어려웠지만 지금은 미소로 떠올리는 유년의 한 장면이다. 아버지는 마을에서 힘이 장사로 이름이 났고, 자연스레 사람들의 존경을 받으셨다. 크고 작은 마을의 문제는 아버지의 한마디로 정리되었고, 그 덕에 마을은 화합을 이루었다. 농번기에는 서로 품을 주고받으며 일을 돕고, 일이 끝나면 농악놀이로 흥을 나누었다. 마을은 한 가족 같은 공동체였다.

특히 아버지는 축구를 무척 좋아하셨다. 2002년 월드컵을 꼭 보고 싶어 하셨지만, 안타깝게도 2001년 12월 84세의 일기로 세상을 떠나시며 그 꿈을 이루지 못하셨다. 나는 그 사실을 떠올릴 때마다 월드컵 조직위원회에서 인사과장으로 일하던 내 시간과 아버지의 미완의 꿈이 겹쳐 보인다. 그리움은 때때로 나를 단단하게 만든다.

아버지는 내게 "약속은 생명(生命)과 같다"라고 일러주셨다. 비가 오나 눈이 오나 논두렁을 지키던 그 모습이 아버지의 가르침이었다. 어머니의 따뜻한 나눔과 강인한 의지, 아버지의 성실함과 책임감은 내 삶의 기준이 되었다. 그분들이 몸소 보여주신 정직과 배려는 내가 평생 지키고자 하는 가치다. 그래서 나는 지금도 사람을 대할 때 그 형편보다 마음을 먼저 본다. 그것이 부모님이 남겨주신 가장 큰 유산(遺産)이며, 내 마음속에서 영원히 타오르는 등불이다.

"가정은 인간이 가장 먼저 배우는 학교이다." - 간디

3.

바뀐 생일, 예술과 감성의 씨앗

내 생일에는 한 편의 인생사가 숨어 있다. 실제 생년월일은 음력으로 1958년 6월 26일이지만, 호적에는 1957년 1월 15일로 잘못 기록되어 있다. 중학교 졸업 후 아버지가 고치려 하셨으나 어찌 된 일인지 오히려 다른 날로 바뀌었다. 2007년 서산지원에 정정신청을 했으나 특별한 이유 적시 없이 받아들여지지 않았다. 몇 개월 지난 후 족보 등 증거자료를 보완하여 다시 서산지원에 정정신청을 했으나 역시 받아들여지지 않았다.

그래도 다행인 것은 나의 적극적인 요청으로 정정신청 이유를 말할 수 있는 기회가 주어졌다는 점이다. 김재호 재판장님은 내 얘기를 고개를 끄떡이며 경청해 주셔서 무척 감사했다. 잘 살펴보겠다는 답변을 듣고 잘 되리라 믿고 법원을 나왔지만, 나중에 돌아온 결과는 역시 기각이었다. 이미 한 번 생년월일을 정정한 전력이 있어서 다시 정정을 허락하기가 어려웠다는 설명이었다.

1989년 제20전투비행단이 들어서며 부모님은 내가 제일 먼저 터전을 잡고 살고 있던 안양으로 이주하셨고, 지금은 두 분 모두 하늘의 별이 되셨다. 그러나 내 뿌리는 여전히 해미면 언암리에 있다. 시간은 흘러도 고향은 마음의 주소를 바꾸지 않는다.

나는 어려서부터 손재주가 많았다. 그림이면 그림, 악기면 악기, 만들기까지 뭐든 금세 익혔다. 초등학교 4학년 때 전교생 앞에서 웅변대회에 나갔고, 4·5·6학년 내내 반장을 맡았다. 그러다 하모니카를 만나 바람의 길을 불기 시작했다. 해미중학교 재학 시절 해미읍성 진남문 앞 만화가게는 내가 가끔 들르는 곳이었다. 그때의 호떡 맛과 만화책을 자주 빌려 보던 일이 생생하다. 만화책을 사다가 통째로 그려보는 일이 취미가 되었다. 세월이 수십 년 흘러 내가 시장이 된 후에는 색소폰도 나의 친구가 되었다. 하모니카의 소리 속엔 유년의 순수함이, 색소폰의 울림 속엔 인생의 농도가 담겼다.

2014년 4월에 발생한 세월호 참사 직전 처음 색소폰을 만났지만, 당시의 사회 분위기 탓에 불어볼 수가 없었다. 이후 한 해가 저물어갈 때쯤 시작해 볼까 했지만 이내 조류인플루엔자(AI) 사태가 덮치며 다시금 해를 넘겨야 했다. 그렇게 색소폰은 주인의 손에서 멀어져 갔고 한참 후에야 이따금 불어보게 되었다. 녀석과 친숙해지다 보니 남들보다 빠르게 연주가 가능해졌다. 색소폰 동호인들은 "절대음감 같다"라고 말했다.

음악은 내게 감정의 언어였다. 어쩌다 접하는 색소폰과 하모니카였지만 이 친구들은 공직의 긴장과 피로를 다스려주고 시민들과 가까이 연결해 주는 훌륭한 중매쟁이였다.

여기에 더하여 뒤늦게 배운 마술 역시 시민에게 다가가는 다리가 되어주었다. 그때 나는 확신했다. 예술은 리더십의 온도를 맞추는 감온계라는 것을.

"생일은 바뀔 수 있어도, 마음의 탄생일은 바뀌지 않는다.
예술이 그날을 다시 세우고, 삶은 그 선율 위에 길을 만든다."

4.

청춘의 분기점, 공직의 길을 찾다

내 어린 시절의 첫 꿈은 '장군'이었다. 선생님보다, 의사보다, 그 이름이 더 멋져 보였다. 사실 그 당시는 학교에서 장래 희망을 쓰는 난에 대부분 장군이나 대통령을 쓰는 아이들이 많았었다. 세월이 흘러 1985년 공직 생활 중 사람들은 내 별명을 '장군'이라 불렀으니, 어린 날의 꿈이 다른 모습으로 이루어진 셈이다. 중학교에 들어서면서 내 꿈은 '선생님'으로 바뀌었다. "완섭아, 너는 선생님이 되어야 한다." 어머니의 말씀이 내 마음에 깊이 새겨졌다. 그 한마디가 내 청춘의 나침반이었다.

공주사범대학에 도전했지만 결과는 낙방이었다. 재수까지 하고도 4년제 대학에 못 갔으니 낙심이 컸다. "공부 잘한다"라는 말을 듣고 자라온 나로서는 처음으로 실패 앞에 섰다. 그러나 그 실패는 내 인생의 스승이었다. 만약 대학에 합격했다면, 나는 평범한 교단의 삶에 머물렀을지도 모른다. 그 낙방이 내게 새로운 길을 열었다. 공직이라는 또 다른 인생의 무대를. 실패는 방향을 바꾸는 신호였다. 삶의 무게를 견디는 힘은 바로 그 시절의 좌절 속에서 자랐다.

1978년 5월 6일, 나는 논산훈련소 제23연대에 입대했다. 군은 또 다른 학교였다. 엄격한 질서 속에서도 사람의 마음을 읽는 법을 배웠고, 공동체의 의미를 깨달았다. 국방부 직할부대 인사과 장교계 행정병으로 근무하며 처음으로 공문을 작성하고 기록을 정리했다. 그 경험이 훗날 행정의 기본기를 세웠다. 1981년 2월 12일 육군 병장으로 제대하며 다짐했다. "다시 시작하자." 군이 내게 남긴 훈장은 인내(忍耐)와 성실(誠實)이었다.

제대 후 4개월 보름 남짓, 오직 책만 붙들고 지냈다. 밥 먹는 시간도 변소(집 밖에 있는 퐁당식 시골집 변기)에 앉아 있는 시간도 아까울 정도로 시험공부에 매진했다. 이토록 "안광이 지배를 철한다"라는 말이 어울릴 정도로 매달린 끝에 1981년 7월 26일 시행된 국가행정직 7급 공무원 공개채용시험에 응시했고, 두 달 뒤인 1981년 9월 19일 합격 통지서를 받았다. 두 번의 낙방으로 꺾였던 자존심이 그날 다시 일어섰다. 그 합격은 단순한 결과가 아니라 '자신감의 복원(復元)'이었다.

1982년 4월 26일, 철도청 대전보선사무소에서 나는 공직자의 길을 처음으로 내딛었다. 그곳은 현장 행정의 생생한 교실이었다. 검은 콜타르칠로 덮인 책상 위에서 나는 '문서를 생산하는 일'과 '사람을 이해하는 법'을 배웠다. 시민의 불편을 줄이고 안전을 지키는 일이야말로 행정의 본질임을 깨달았다.

"길은 선택하는 것이 아니라, 견딘 끝에 열리는 것이다.
청춘의 분기점마다 흔들렸던 나침반은,
돌아보면 언제나 나를 더 단단한 곳으로 데려다주었다."

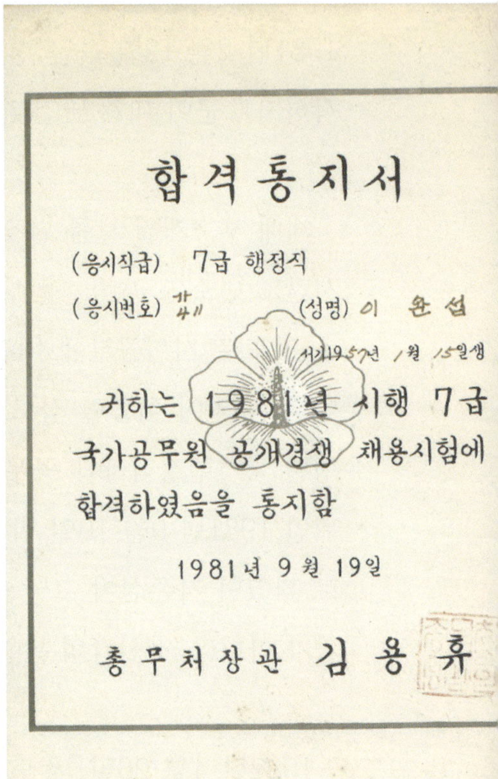

합격통지서

(응시직급) 7급 행정직

(응시번호) 가 411 (성명) 이 완섭

서기1957년 1월 15일생

귀하는 1981년 시행 7급 국가공무원 공개경쟁 채용시험에 합격하였음을 통지함

1981년 9월 19일

총무처장관 김용휴

5.

공직 인생의 뿌리, 인사 부서와의 진한 인연

그곳에서 2년 가까이 근무한 뒤 1984년 4월 1일 자로 나는 총무처로 자리를 옮겼다. 총무처로 전입 발령 통지를 받던 그 당시는 공채시험 합격 때 이상으로 기분이 날아갈 것 같았다. 서울의 중심 광화문 종합청사에서 그것도 공직 세계의 심장부라 불리는 총무처 인사국에서 근무하게 되었다는 것이 꿈만 같았다. 나를 이곳으로 불러주신 분은 지금은 고인이 되셨지만 당시 총무처 이희영 총무과장님이시다. 먼저 교육훈련과에서 3년 7개월 동안 근무하며 국가 공무원 교육 체계를 배웠다.

이 시절 나는 공직의 기본기를 단단히 다질 수 있었고, 전국 각지의 공직자들과 교류하며 인적 네트워크를 넓혀나갈 수 있었다. 이후 인사과로 자리를 옮겨 9년 10개월 동안 근무했다. 특히 인사과는 공직사회의 중심축이었다. 충원, 임용, 전보, 승진 등 사람의 운명을 다루는 자리였기에 인사과의 모든 업무를 경험하며 매 순간 신중했다. 그 시간 동안 나는 6급과 5급 두 차례 승진을 거듭했다. 6급에서 5급으로 오르는 과정은 단순한 직급의 상승이 아니라, 공직자로서의 사고와 품격이 한 단계 성숙하는 여정이었다.

무엇보다 뜻깊었던 것은 인사과에서 근무하는 그 시기에 세 아이가 모두 태어났다는 사실이다. 밤낮없이 일하던 나의 곁에서 가족이 생겨났고, 가정은 내 인생의 또 다른 학교가 되었다. 직장에서는 인사관리의 원칙을 배웠고, 집에서는 생명의 책임을 배웠다. 아이들의 울음소리와 결재 서류의 소리가 함께 섞인 그 시절은 내 인생의 가장 풍요로운 계절이었다. 그 중심에는 언제나 나의 아내가 있었다. 지금 돌이켜보면 그 10여 년의 세월이야말로 내 공직 인생의 뿌리를 세운 결정적 시기였다.

1996년 12월, 사무관으로 승진한 뒤 국민고충처리위원회와 행정자치부 행정관리담당관실 및 상훈담당관실을 거쳐 2002년 한일월드컵 조직위원회 인사과장으로 자리를 옮겼다. 파견을 자원해서 가게 되었다. 사무관 6년 차인 시점에서 근무평정도 신경 써야 할 시기였지만, 주사 승진과 사무관 승진을 매번 후배들과 할 정도로 늦었기 때문에 서기관 승진에 매달리고 싶지 않았다. 현고학생을 면했으면 됐다는 생각이었다. 차라리 처음 치르는 월드컵 국제행사 현장에서 아무나 경험할 수 없는 일을 맡는 것이 보람 있겠다고 생각했다. 2002년 한일월드컵은 4강 신화를 창조하며 막을 내렸다. 그 신화창조에 작지만 일조했다는 것이 감격스러웠다.

월드컵 유공자 포상 작업에 돌입했을 즈음 나는 뜻밖에도 행정자치부 인사계장에 발탁되는 행운을 접해야 했다. 세세한 뒷

이야기는 생략하지만, 이 때부터 나의 공직생활은 빠른 속도로 앞을 향해 나아가게 되었다.

"승진을 너무 쫓지 말라.
열심히, 즐겁게 하다 보면 때가 온다."
낭중치추(囊中之錐), 주머니 속 송곳은 언젠가 드러난다.

6.

서산으로의 귀향,
고향 부시장과 시장이 되다

2009년 1월, 지방성과관리과장으로 발령받았다. 예고 없는 인사였지만 결과적으로 전화위복(轉禍爲福)이었다. 당시 원세훈 장관은 '지방 경험'이 있어야 국장을 시킨다는 방침을 세웠다. 3급 승진의 기회를 얻은 나는 지방 근무를 해야 한다는 생각을 갖게 되었고 기왕이면 고향 서산에서 일하고 싶었다. 운도 실력이라고 했던가. 운 좋게도 약간의 우여곡절을 거친 후 서산시 부시장으로 부임(2009.7.3.)할 수 있었다. 금의환향(錦衣還鄕), 낙방의 청년이 이제 고향의 부시장으로 섰다. 1년 6개월 동안 행정과 시민의 가교로 일하며 다시금 깨달았다. 행정은 책상 위가 아니라 사람 속에 있다는 것을.

2011년, 예기치 못한 기회가 찾아왔다. 고향 서산의 보궐선거였다. 부시장 때 모시던 유상곤 시장님이 직원의 선거법 연루로 중도하차 하게 된 것이다. 나는 부시장을 1년 6개월 잘 마치고 행정안전부로 복귀해 상훈담당관으로 8개월쯤 근무할 즈음 주변으로부터 10.26 보궐선거 출마 권유를 받았다. 고향에 계신 분들의 권유가 계속되었으나 정년 6년이나 남은 상태에서 무모한 도전을 할 이유가 없다고 생각했다. 계속 고사를 했으나 지속되는 요구와 당시의 분위기가 나를 그대로 놔두지 않았다.

결국 당시 한나라당 인재영입위원장이던 주호영 국회의원님의 권유까지 받은 후 결심하게 됐다. 내 인생 일대의 가장 고민이 컸던 순간으로 기록되리라 본다. 그해 9월 2일 자로 명예퇴직을 하고 한나라당 후보로 출마했다. 선거일 2개월도 채 안 되는 시점에 뛰어들어 혼 빠지게 치른 4파전 끝에 313표 차로 승리했다. 대학시험 낙방으로 시작한 인생이 결국 고향의 시장으로 이어졌다. 이보다 더한 전화위복이 또 있을까. 그래서 그런지 나는 "전화위복"이라는 말을 좋아한다. 그리고 "진인사대천명"이라는 말도.

돌아보면 내 인생의 굽이마다 작은 실패가 있었다. 그러나 그 실패들은 언제나 나를 성장시켰다. 공직은 단순한 직업이 아니라 '성장의 베이스캠프'였다. 젊은이들에게 말하고 싶다. 조금 늦어도 괜찮다. 넘어져도 괜찮다. 중요한 것은 다시 일어서는 마음 하나뿐이다. 두 번의 대학 입시 낙방이 없었다면 나는 이 길을 만나지 못했을 것이다. 실패는 내게 방향을 알려준 나침반이었다. 다시 태어난다 해도 나는 또다시 이 길을 택할 것이다. 공직은 내 인생의 소명(召命)이자 나를 완성으로 이끌어 가는 무대다.

"실패는 내가 어디서 왔는지를 잊지 않게 해주는
방향의 다른 이름이다."

"넘어짐은, 일어섬의 연습일 뿐이다."

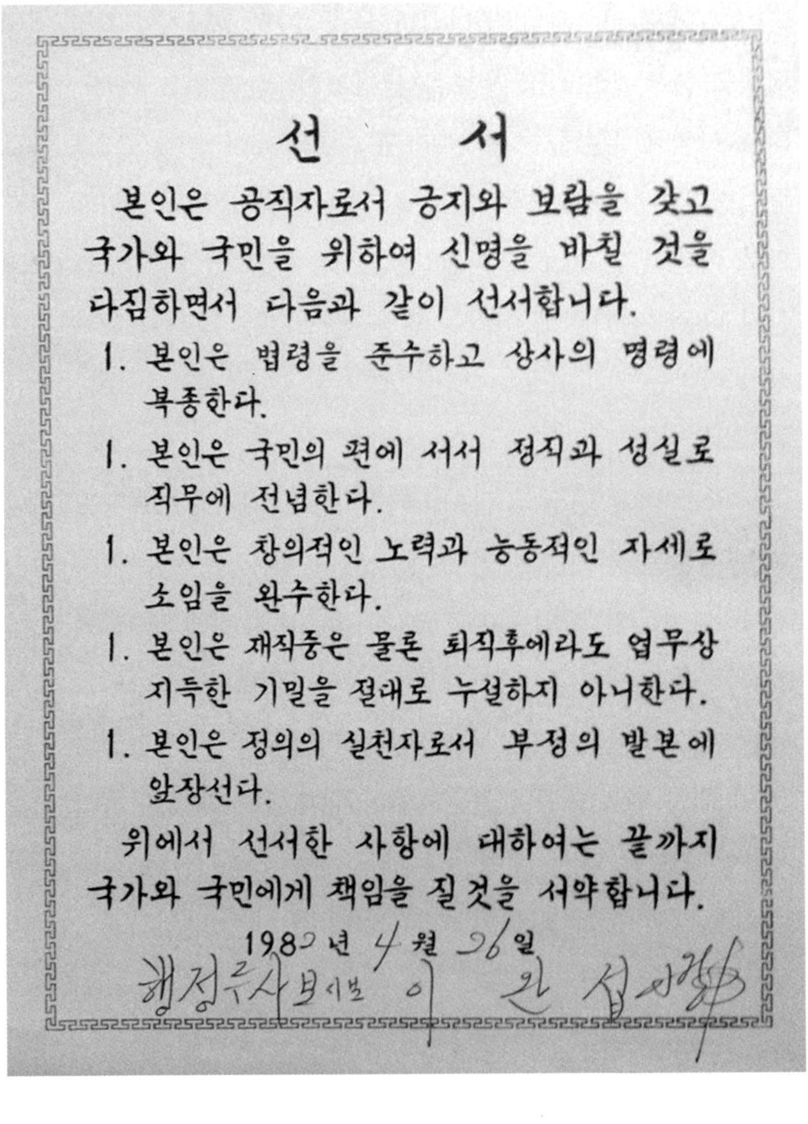

선 서

본인은 공직자로서 긍지와 보람을 갖고 국가와 국민을 위하여 신명을 바칠 것을 다짐하면서 다음과 같이 선서합니다.

1. 본인은 법령을 준수하고 상사의 명령에 복종한다.
1. 본인은 국민의 편에 서서 정직과 성실로 직무에 전념한다.
1. 본인은 창의적인 노력과 능동적인 자세로 소임을 완수한다.
1. 본인은 재직중은 물론 퇴직후에라도 업무상 지득한 기밀을 절대로 누설하지 아니한다.
1. 본인은 정의의 실천자로서 부정의 발본에 앞장선다.

위에서 선서한 사항에 대하여는 끝까지 국가와 국민에게 책임을 질것을 서약합니다.

1982년 4월 26일

행정주사보시보 이 관 섭

7.
시를 쓰는 시장

바람 한 줄기에도 마음이 흔들리고
호수의 얼음 위에 비친 하늘에도 문장이 내려앉던 해,
나는 뜻밖의 길 위에서 나를 다시 만났다.
정책의 문서와 행정의 언어 사이에서
문득 오래된 감정의 서랍이 열렸고,
어머니의 목소리와 서산의 들판이
조용히 나를 불러 세웠다.
그렇게, 시는 어느 날 갑자기
나의 삶 깊은 곳에서 올라온 또 하나의 행정이었다.

나는 2024년, 계간 문예지 『문예빛단』 제1회 문학상 시 부문 신인상을 수상(2024.7.5)하며 공식적으로 시인(詩人)이라는 새 이름을 얻게 되었다. 공직자의 길을 걸어온 내가 문학의 문을 두드린 것은 우연 같았으나, 돌아보면 오래전부터 나를 이끌어온 감수성과 기억들이 그 길의 등불이 되어 주었다.

사실 시보다 먼저 나는 2018년 4월 12일 서울 중구 구민회관에서 열린 “제7회 한빛문학상 시상식”에서 수필 부문 신인상을 통해 수필가로 등단했고, 이후 시에도 관심을 갖고 틈틈이 시인의 마음으로 시정을 담아내고 있었다.

내가 쓴 작품들은 대개 고향 서산, 서산9경, 어린 시절의 기억, 그리고 무엇보다 어머니를 향한다. 언론에 소개된 작품 “어머니 사랑합니다”라는 제목만으로도 내 마음을 충분히 설명하는 시다.

나는 그 작품을 쓸 때, 서산호수공원 한쪽에 세워져 있는 정재연 작가의 My Mother 라는 작품이 모티브가 되어 어머니의 주름진 손등에 배어 있던 삶의 무게와 평생을 다해 내게 가르쳐주신 사랑의 형상을 떠올렸다. 신문에 실린 몇 줄의 소개만으로도 많은 이들이 그 마음을 읽어주었다니, 오히려 내가 위로받는 기분이었다.

고향을 노래한 시들도 있다. 서산의 겨울 호수 위에 내려앉은 고요함을 포착한 작품이 『시와창작』에 실렸고, ‘동심(童心)’이라는 제목의 작품은 서산의 풍경 속에서 잃어버린 순수를 다시 찾아가는 여정을 담았다.

미세한 공기의 떨림, 들판에서 솟아나는 햇살의 결, 시장 골목 어귀에서 스치던 시민들의 인사까지— 이 모든 것이 내 시의 재료가 되었고, 그것들은 행정을 하며 쌓인 기록보다 더 부드럽고 정확하게 내 마음을 설명해 주었다.

문학지에서 평가하는 내 시 세계의 특징은 비교적 단순하다.

정치보다 사람이 먼저이고, 권력보다 기억이 먼저며, 성취보다 마음이 먼저 있다는 것.

그 평가를 나는 기꺼이 받아들인다. 왜냐하면 나의 시는 언제나 가족과 고향, 일상과 감사, 그리고 동심의 회복을 중심에 두고 있기 때문이다.

2024년 7월 한 달 동안만 해도 시 부문에서 두 차례 신인상을 받았는데, 이는 마음속에 오래 눌려 있던 감정들이 비로소 언어의 빛을 만난 결과였다. 시장이라는 직함 아래 묻혀 있던 이완섭이, 문학이라는 통로를 통해 숨을 고르고 있었다는 증거이기도 하다.

다만 나의 시들은 아직 공식 시집으로 묶여 공개된 적이 없고, 문학지에 소개된 내용 역시 제목, 주제, 일부 문장 정도에 그친다.

『문예빛단』, 『시와창작』 등 등단한 문예지에 시를 출품하기도 한다.

서산시인의 모임에도 가입했다.

행정은 도시의 내일을 설계하는 일이고, 시는 내 마음의 어제를 어루만지는 일이다.

두 길은 전혀 다른 것처럼 보이지만, 결국 사람을 향한다는 점에서 같은 곳으로 이어지고 있다.

정책으로 도시를 짓고, 시로 마음을 짓는 사람.

나는 그 두 역할을 함께 수행하고 있는 중이다.

어머니 (2025.10.5 페이스북)

어머니의 손에 들린 작은 가방,
그 속엔 세상이 매달려 있고
어머니 어깨에는 가족의 삶이
무겁게 얹혀 짓누른다.

빗물에 젖은 얼굴의 주름마다
숨겨둔 한숨이 맺히고,
고단한 세월의 무게는
말없이 흘러내린다.

그러나 무거움은 곧 사랑이었고
짐은 곧 생명이었다.
그 무게를 견딘 시간 속에서
한 세대가 자라났다.

서산의 바람 속에 서 있는

어머니의 모습은
희생의 이름으로 피어난 꽃,
헌신의 이름으로 흐른 강.

그 이름,
영원히 불릴 단 한 마디-
어머니!
아, 나의 어머니!

서산호수공원 한쪽에는 정재연 작가의 조각상 My Mother (2004.10)가 서 있다.

이 작품은 2010년 3월, 서산시가 홍익대학교와 '야외 조각공원 조성 업무 협약'을 체결한 뒤 설치되었다.

수많은 조형물 가운데서도 나는 이 My Mother 앞에 설 때마다 가슴이 저려온다. 어머니에게 지워진 삶의 짐이 그 안에 고스란히 담겨 있기 때문이다.

아침 산책길에도, 밤새 내린 빗물에 젖은 조각상이 발걸음을 붙잡았다. 그 젖은 모습은 마치 어머니의 짐을 더 무겁게 하는 듯했고, 내 마음을 더욱 깊이 흔들었다.

그 마음을 시로 옮겨 보았다.

동심

넘어가던 해가 아파트 사이에 끼였어요.
119를 부를까 말까 망설이는 사이
다행스럽게도 잘 빠져나갔어요.
역시 해는 재주 덩어리인가 봐요.

건물도 다리도 운동 신경이 뛰어나네요.
물속으로 물구나무서기 짱이에요.
걔네들은 또 데칼코마니 선수인가 봐요.
다 받아주는 호수는 참 마음이 넓네요.

서산중앙호수공원

어둠이 내려앉던 공원,
이제는 빛으로 물들어
새로운 밤을 노래한다.

차가운 콘크리트 숲 밑에서
잠들어 있던 땅은
이제 푸른 꿈을 꾸게 될 것이다.

물 위로 춤추던 노래는
새로운 생을 맞이하고
변화의 찬가를 부르게 될 것이다.

서산 호수공원,
변화의 물결이 밀려오고
새로운 미래가 열리고 있다.

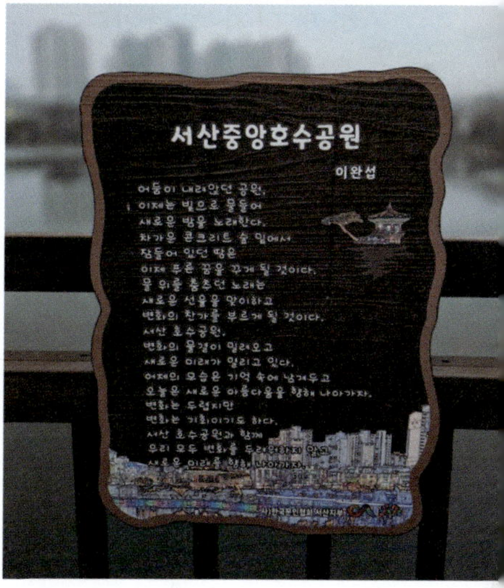

어제의 모습은 기억 속에 남겨두고
오늘은 새로운 아름다움을 향해 나아가자.
변화는 두렵지만 변화는 기회이기도 하다.

서산 호수공원과 함께
우리 모두 변화를 두려워하지 말고
새로운 미래를 향해 나아가자.

이 시는 한국문인협회 서산지부의 청을 받아 지은 시로, 현재 서산 중앙호수공원 한켠에 걸려 있다.

이 시는 지금의 풍경을 노래하는 데서 그치지 않는다. 2026년에 모습을 드러낼 초록광장을 염두에 두고, 변화의 방향과 시간을 함께 담아낸 작품이다.

지금은 다소 추상적으로 읽힐 수 있으나, 광장이 완성되고 공간이 사람들로 채워질 즈음, 이 시에 담긴 의미는 더욱 또렷하게 다가올 것이다.

시간이 흐른 뒤, 이 시는 공원을 위한 노래가 아니라 도시의 변화를 미리 기록한 문학적 증언으로 읽히게 될 것으로 기대해 본다.

내 사랑 서산

푸른 바다 품에 안긴 아름다운 도시여
너의 넓은 들판은
풍요와 여유로움이고
네가 걸어온 시간의 길은
우리의 자랑이요 긍지다

온몸으로 뿜어내는 생채로움에
모두의 꿈이 활짝 꽃 피어난다
도시는 농촌의 정취를 닮고
농촌은 도시를 품으며 간다
팔색조처럼 변하는 산하

그곳은 나의 고향 우리의 보금자리
떠나면 그립고 만나면 푸근한
엄마의 가슴 같은 내 사랑 서산

떠나도 잊지 못할 서산

마음으로 품은 서산이로세

서산은 복된 땅이다.

푸른 바다, 넓은 들판, 도시와 농촌의 공존. 이 시의 중심에는 언제나 사람이 머무를 수 있는 온기가 있다.

특히 "상서로움"은 내고향 서산을 한 마디로 표현하기 딱이다. 이는 단순한 아름다움이 아니라, 이 땅이 품고 있는 복되고 길한 기운, 공동체가 오래 축적해 온 신뢰와 평온의 상징이다.

떠나면 그립고, 만나면 푸근한 '엄마의 가슴'이라는 비유는 서산을 행정구역이 아닌 정서적 귀속지로 끌어올리고 싶었다.

이 시는 서산을 설명하기보다 대신 사랑하게 만들고 싶어 쓴 시다.

서산호수공원 한 켠에 걸려 있다.

내 고향 서산

서산은 향기로운 낙토,

소박한 꿈들이 꽃피는 곳.

엄마의 품처럼 너른 들판은

풍요와 여유로움을 노래하고,

역사와 문화를 빚어온 시간들은
자랑과 긍지를 모아 미래로 향한다.
복되고 길한 상서로운 기운은
곳곳에 흐르며 온몸을 두른다.

도시와 농촌은 서로를 포근히 감싸고,
팔색조처럼 변화하는 이 땅.
황홀한 낙조의 풍광과 함께
해 뜨는 서산은 중심이 되리라.

떠나면 그리운 엄마의 가슴처럼
푸근한 온기가 온 마음을 채운다.
과거를 품고 현재를 다듬으며
미래로 가는 산하, 나의 고향 서산.

이 시는 현 한국문인협회 부이사장이신 이은집 선생님께서 좋은 시라며 AI 노래로 빚어 보내주시기도 해서 애착이 가는 시다.

말이 음이 되고, 그 음이 다시 도시의 숨결로 환원되어 기뻤다. 한 편의 시가 노래가 되고, 노래가 다시 서산의 시간과 풍경으로 돌아오는 이 귀한 순환에 깊은 배려와 정성으로 응답해 주신 데 대해 감사드린다.

보원사지 5층석탑의 국보승격 축하 헌시

바람이 돌을 어루만지는 새벽,
천이백 년의 시간이 층층이 일어선다.

낮은 기단 위 정확한 비례,
가벼운 옥개석의 선이 하늘을 부른다.

통일신라의 틀에
백제의 절제, 고려의 기품이 겹쳐
이 땅의 질서가 완성된다.

사자상은 침묵으로 법계를 지키고,
팔부중은 보이지 않는 원으로
신앙과 인간의 약속을 감싼다.

전란에도 흔들리지 않은 균형,
장인의 판단이 돌에 남아
시간의 증명이 되었다.

예순셋 해를 건너 국보가 된 오늘,
탑은 말없이 말한다.
시간은 흐르되, 아름다움은 무너지지 않는다고.

이 시는 서산 '마애여래삼존상'이 1962년 국보로 지정된 이후, 63년 만에 다시 탄생한 국보 보원사지 5층석탑의 승격(2025.12.19)을 기념하며 쓴 축시이다.

2016년부터 9년간 이어진 조사와 정비, 학술적 검증과 행정적 노력이 마침내 결실을 맺은 순간, 기쁨은 개인의 감회를 넘어 도시 전체의 역사로 확장되었다.

이 시에는 그 벅찬 감동과 축하의 마음, 그리고 서산의 문화유산이 다시 한 번 국가의 품격으로 자리매김한 뜻깊은 순간을 짧지만 단단한 언어로 기록하고자 한 마음을 담아보았다.

문예빛단 제1회 문학상 시 부문 신인상(2024.7.5)

〈은쟁반에 금 사과〉 김풍배 칼럼(2025.12.)

다음의 글은 서산타임즈 김풍배 칼럼니스트가 쓴 글이다.

“지난 토요일(11월 22일) 오후 5시, 아르델웨딩컨벤션 4층 연회장에서 ‘2025년 서산시 예술인 한마당축제’가 있었습니다. 행사장을 채운 열기와 감동은 하루가 지난 지금도 여운으로 남습니다. 서산에서 활동하는 8개 예술단체의 회원들이 한데 모여 말 그대로 흥겹고 보람찬 축제를 만들어냈습니다.”

(이하 중략)

“다음으로 진행된 2부 순서에는 다양한 공연이 펼쳐져 눈과 귀를 사로잡았습니다.”

(중략)

“그러나 가장 인상적인 장면은 따로 있었습니다. 바로 이완섭 서산시장의 축사였습니다. 그는 적절하고 타이밍에 맞는 축사가 어떤 것인가를 보여주었습니다. 우리는 여러 행사장에서 많은 유지들의 축사를 듣습니다. 대부분 행사가 끝나고 나면 그들이 했던 축사는 다 잊고 맙니다. 그러나 이번의 이완섭 시장의 축사는 오래도록 기억에 남을 듯싶습니다.

그는 길게 말하지 않았습니다. 단 58초, 267자, 80여 마디. 10여 개의 문장만 말했을 뿐입니다. 그는 ‘서산시 예술인’을 주제로 6행시를 낭송했고, 청중들은 한목소리로 한 자 한 자 운을 떼었습니다.

서. 서산의 품격은 여러분 한 분 한 분으로부터 시작됩니다.

산. 산수갑산을 가더라도 예술이 없으면 앙꼬 없는 찐빵입니다.

시. 시 한 줄의 울림, 그림 한 점의 영감, 무대에서의 몸짓 하나로도 이 도시를 아름답게 가꿉니다.

예. 예술은 사람의 마음을 잇는 다리입니다.

술. 술좌석에서 흥얼거리는 노랫가락도 예술의 씨앗입니다.

인. 인간이 인간답게 되는 도시, 예술이 있어야 완성됩니다.

원고 한 장 없이 축사(祝辭)를 축시(祝詩)로 풀어낸 감각은 단연 돋보였습니다. 수많은 말보다 더 마음을 울리는 축사였습니다. 그야말로 은쟁반에 금사과처럼 세련되고 반짝이는 축사였습니다. 짧지만 깊은 여운을 남긴 축시였습니다."

(중략)

"극작가 브레히트는 말했습니다. '예술은 현실을 비추는 거울이 아니라 현실을 만드는 망치다.' 이완섭 시장의 멋진 축사를 떠올리며 문인의 한 사람으로 한마당이 끝날 때까지 행복에 젖어 있었습니다."

여기까지가 김풍배 칼럼니스트의 글이다. 김풍배 칼럼니스트는 서산에 살고 계신 목회자이자 시인이다. 언어의 절제와 울림을 업으로 삼아온 분께서 이처럼 과분한 평가를 해주셨다는 사실 앞에서, 감사함보다 먼저 송구스러움이 앞선다. 말이란 본래 화자의 것이 아니라, 듣는 이의 몫이라는 사실을 다시 생각하게 된다.

나는 각종 행사에서 종종 4행시, 5행시, 때로는 6행시와 7행시로 축사를 대신해 왔다. 특별한 기교를 부린다기보다, 긴 설명 대신 핵심만 남기고 싶었기 때문이다. 다행히 그 방식은 현장에서 비교적 따뜻한 반응을 얻곤 했다. 그 경험을 통해 확신하게 된 사실이 하나 있다. 말은 길수록 기억에서 멀어지고, 짧을수록 마음에 남는다는 점이다.

김풍배 시인의 이번 글은 칭찬을 넘어 조용한 고언(苦言)으로 읽힌다. 축사는 더 줄이고, 인사말은 더 가볍게 하라는 주문처럼 다가온다. 행정의 언어 역시 예술처럼 압축될 수 있어야 한다는, 말의 품격에 대한 요청이기도 하다.

앞으로도 나는 말을 줄이되 뜻은 남기고, 설명은 덜어내되 진심은 더 또렷이 전하는 방식을 선택하고자 한다. 축사가 축시가 되고, 인사말이 공감의 문장이 되는 순간을 믿으면서 말이다. 말이 적을수록 책임은 무거워지고, 침묵에 가까울수록 행정은 깊어진다. 그 균형을 지키는 것이, 시를 쓰는 시장에게 주어진 또 하나의 책무라 생각한다.

2 마음을 담는 리더십

1.

K-브랜드지수, 데이터로 비친 도시와 리더의 시간

도시는 말보다 먼저 움직이는
수백만 개의 손짓으로 나를 부른다.
그 속에서 숫자는 강물처럼 흘러
리더의 그림자를 길게 비춘다.

한 번 찬란했다가 한 번 흐릿해지고
오르내림의 파도 속에서도
나는 그 강의 흐름을 외면하지 않았다.
숫자 속에 숨어 있던 시민의 마음을 들으려 했다.

도시는 말보다 먼저 반응한다.

수많은 시민의 검색과 클릭, 기사와 댓글, 공감과 비판이 쌓여 하나의 흐름을 만들고, 그 흐름은 결국 데이터라는 이름으로 정리된다. 나는 그 데이터를 단순한 숫자가 아니라, 시민이 나와 서산시에 보내는 집단적 신호로 받아들여 왔다.

아시아브랜드연구소가 매달 발표하는 'K-브랜드지수'는 그런 의미에서 도시와 리더의 현재 위치를 비추는 하나의 거울이다. 이 지수는 트렌드(Trend), 미디어(Media), 소셜(Social), 긍정·부정 감성, 커뮤니티 확산력, 활성화 지수, AI 인덱스 등 다양한 요소를 종합해 산출된다. 단기 이슈나 일회성 사건이 아니라, 온라인 공간에 축적된 여론의 결을 장기간 분석해 하나의 흐름으로 정리한 결과라는 점에서 나는 이 지수를 가볍게 보지 않았다.

2026년 1월 12일, 아시아브랜드연구소는 '2025년 올해의 충청도 지자체장 K-브랜드지수'를 발표했다. 이번 평가는 충청권 26개 기초자치단체장을 대상으로, 2025년 1월 1일부터 12월 31일까지 1년간 축적된 온라인 빅데이터 2,506만 7,879건을 분석한 결과였다. 1위는 이범석 청주시장이었고, 나는 2위에 올랐다. 그 뒤로 오세현 아산시장, 백성현 논산시장, 송인헌 괴산군수 등이 순위를 이었다.

이 결과가 주목받은 이유는 단순한 순위 때문만은 아니었다. 나는 전년도 대비 뚜렷한 상승 곡선을 그리며 상위권으로 도약했고, 연구소 측은 이를 '특정 시점의 이슈가 아닌, 1년간 누적된 관심과 커뮤니케이션 관리의 결과'로 해석했다.

한정근 아시아브랜드연구소 대표는 "이번 순위는 단기 성과가 아니라 연간 데이터 흐름이 반영된 결과이며, 이완섭 서산시장의 상승은 지속적인 관심 축적 효과가 작용한 사례"라고 평가했다.

나는 이 말을 칭찬으로만 받아들이지 않았다. 오히려 '지속적으로 관리하지 않으면 언제든 흔들릴 수 있다'는 경고로 들렸다. 브랜드라는 것은 한 번 만들어 놓고 끝나는 것이 아니라, 매일의 태도와 선택으로 유지해야 하는 것이기 때문이다.

2025년 하반기 내내 서산과 나의 이름은 충청권 K-브랜드 지수 순위표 위를 오르내렸다. 어떤 달에는 충청권 3위, 어떤 분석에서는 2위와 충남 1위를 기록하기도 했다. 그리고 연간 누적 데이터에서는 충청권 전체 2위라는 결과로 정리되었다. 이 흐름은 단순한 순위 경쟁을 넘어, 서산시가 추진해 온 산업 전환, 균형 발전, 교통·환경·복지·문화 정책 전반에 대한 시민의 인식이 어떻게 변화하고 있는지를 보여주는 지표였다.

그러나 순위는 늘 오르기만 하지 않는다. 현안이 집중되던 시기에는 지수가 일시적으로 내려앉기도 했다. 대규모 공공사업을 둘러싼 의견 차이와 다양한 해석이 왜곡되어 온라인 여론을 흔들었기 때문이다. 나는 그 시기를 돌아보며, '성과보다 갈등이 더 크게 소비되던 시간'이었다고 판단한다.

정치는 언제나 순풍만 부는 항해가 아니다. 때로는 이유 없는 풍랑이 일고, 그 파도는 가장 먼저 리더의 이름을 때린다. 중요한 것은 그 바람을 피하느냐, 아니면 방향을 읽고 정면으로 마주하느냐다. 나는 후자를 선택해 왔다. 설명해야 할 것은 설명하고, 바로잡아야 할 것은 기록으로 남기며, 시간이 걸리더라도 신뢰를 회복하는 길을 택했다.

K-브랜드지수의 세부 지표를 살펴보면, 숫자 뒤에 있는 시민의 감정이 분명히 보인다. 혁신산단과 미래 모빌리티, 농특산물의 글로벌 마케팅, 교통·복지·보건 분야에서의 가시적 변화는 서산의 브랜드 지수를 끌어올린 요인이었다. 반면, 갈등이 장기화되거나 사실과 다르게 소비된 여론은 브랜드 신뢰를 잠시 낮추는 요인이 되었다.

이 과정을 통해 나는 리더십의 본질을 다시 확인했다. 리더십은 성과라는 한 다리와 신뢰라는 다른 한 다리를 동시에 세워야 앞으로 나아갈 수 있다. 성과는 숫자로 입증할 수 있지만, 신뢰는 오직 시간과 태도로만 증명된다. 어느 하나라도 무너지면 도시는 균형을 잃는다.

지수는 변한다. 그러나 변하지 않는 것이 하나 있다. 시민은 언제나 리더의 태도를 본다는 사실이다. 나는 순위가 올랐을 때 자만하지 않으려 했고, 순위가 내려갔을 때 억울함부터 말하지 않으려 애썼다. 데이터가 내게 던지는 메시지는 늘 같았다. 더 설명하라, 더 투명하라, 더 책임지라는 요구였다.

그래서 매달 발표되는 K-브랜드지수는 내게 성적표가 아니라 행정을 점검하는 보고서였다. 문제의 원인을 분석하고, 다음 달의 전략을 가다듬으며, 도시의 흐름을 한 발 앞서 읽기 위한 기준선이었다.

내가 자주 되새기는 말, 수처작주·입처개진(隨處作主 · 立處皆眞)은 이런 태도를 압축한 표현이다. 어디에 있든 그 자리를 책임지고, 어떤 상황에서도 진실을 세우라는 뜻이다. K-브랜드지수는 칭찬의 기록이 아니라, 이 원칙이 지켜지고 있는지를 묻는 질문표에 가깝다.

도시의 브랜드는 시장 한 사람의 이미지로 만들어지지 않는다. 시민의 기대, 정책의 성과, 도시의 비전이 겹겹이 쌓여 하나의 파동을 이룬다. 나는 그 파동이 흔들릴 때마다, 변명보다 책임의 자리에 더 단단히 서는 길을 선택해 왔다.

평판은 대신 만들어 줄 수 없다. 잠시 입길에 오를 수는 있어도, 신뢰는 하루하루 쌓아 올린 시간의 총합으로만 완성된다. 그래서 나는 이 지수를 바라볼 때마다, 서산의 내일을 어떻게 열어야 할지를 다시 묻는다. 오늘을 넘지 못하면 내일은 오지 않기 때문이다.

K 브랜드지수
[충청도 지자체장 부문 TOP10]
1위
이범석 청주시장
2위
이완섭 서산시장
3위
오세현 아산시장
4위
백성현 논산시장
5위
송인헌 괴산군수
6위
김창규 제천시장
7위
조길형 충주시장
8위
오성환 당진시장
9위
박정현 부여군수
10위
최재구 예산군수
아시아브랜드연구소
· 조사 기간 : 2025년 1월 1일 ~ 2025년 12월 31일
· 조사 대상 : 충청도 26개 기초자치단체장
· 조사 방식 : 빅데이터 시스템 온라인 인덱스 수치 합산

2.

5S·5품 행정실천 강령

바람은 스쳐가고
시간은 흘러가지만
사람과 사람 사이의 간격만큼은
그 누구도 대신 건너줄 수 없었다.
나는 그 틈에 다리를 놓는 일을 배웠다.
말보다 마음이 먼저 건너가야 했고,
규정보다 온기가 앞서야 했다.
행정은 서류가 아니라 체온이라는 사실을
수없이 새벽마다 확인했다.
흔들려도 무너지지 않는 다리,
따뜻해서 머물고 싶은 다리,
그 다리를 놓기 위해 나는
태도의 5S를 갈고닦고
마음의 5품을 일상의 숨결로 삼았다.
행정이란 결국
사람의 손을 잡아
사람의 마음까지 데려다주는
보이지 않는 다리였기 때문이다.

나는 시장으로 일하며, 행정이란 결국 사람과 사람을 잇는 다리(橋)라는 사실을 수없이 확인했다. 그 다리가 더 튼튼하고, 더 따뜻하길 바라는 마음에서 나는 5S와 5품을 정립했다. 5S가 공무원의 태도와 민원 응대 방식에 관한 전술(戰術)이라면, 5품은 그 전술을 움직이게 만드는 행동의 전략(戰略)이었다. 구호가 아니라 일상의 습관이었고, 벽에 붙인 표어가 아니라 몸에서 풍기는 체온이었다.

첫째, 스마일(Smile)은 친절한 행정이다.

나는 미소를 내 삶의 첫 단추로 삼았다. 젊은 시절 "인상이 차갑다"라는 말을 자주 들었다. 2002년 한일월드컵을 앞두고, 퇴근길마다 교보문고에 들러 자기계발서를 사 읽으며 변화하기 위해 노력했다. 미소는 억지로 짓는 표정이 아니라 훈련(訓練)의 결과였다. 그 훈련이 쌓여 어느 순간 품격이 되었다. 얼굴이 바뀌자 관계가 열렸고, "인상이 부드러워졌다"라는 이야기를 들을 때마다 행정도 같이 부드러워지는 것을 체감했다.

둘째, 심플(Simple)은 간단 명료한 행정이다. 절차의 군더더기를 덜어내 시민이 알기 쉽게 이해할 수 있도록 하는 것이다.

장황한 문장은 실제로는 책임을 흐리기 쉽다. 나는 문장을 깎고, 동선을 줄이고, 행정 용어를 시민의 언어로 바꾸는 데 공을 들였다. 세상이 아무리 복잡해져도 행정만큼은 단순하고 명료해야 한다고 믿는다. 행정의 언어가 쉽고 간결할수록 신뢰는 두터워진다.

셋째, 소프트(Soft)는 부드러운 행정이다. 규정은 지키되 마음은 유연하게 가지는 태도다. 공무원이 딱딱하고 공직의 문턱이 높다는 인식에서 탈피하자는 것이다.

법과 규정(規程)을 기준으로 삼되, 사람의 사정(事情)을 먼저 듣고 헤아리는 것이 소프트 행정의 출발이다. 상대의 입장에서 한 번 더 생각해 보고, "안 된다"보다 "이렇게 하면 어떻겠느냐"를 먼저 꺼내는 행정, 나는 그것이 부드러움의 힘이라고 믿는다. 역지사지(易地思之)의 마음이 행정의 주어가 될 때 비로소 시민은 행정을 '권력'이 아닌 '동행자'로 느끼게 된다.

넷째, 스피드(Speed)는 신속한 행정이다.

결정을 불필요하게 미루지 않고, 보고 단계는 줄이고, 판단은 빠르게 하되 실행은 정확하게 하는 것, 그것이 스피드 행정이다. 빠름은 곧 신뢰의 다른 이름이다. 아무리 잘해도 굼뜨면 칭찬을 듣기 어렵다. '빨리빨리'에 익숙한 우리 국민 앞에서, 스피드는 행정의 생명과도 같다. 신속한 행정은 시민의 시간을 존중하는 가장 직접적인 방법이다.

다섯째, 스마트(Smart)는 깔끔하고 빈틈없는 행정을 뜻한다.

행정의 마지막은 흠이 없어야 한다. 오탈자 하나, 숫자 하나에도 신뢰가 걸려 있음을 나는 공직 초년생 시절부터 가슴에 새겼다. 문서의 쉼표와 여백까지 꼼꼼히 살피는 일이야말로 행정의 기본이다. 마지막 단추를 단정하게 채우듯, 행정도 끝맺음이 단정하고 정갈해야 한다고 나는 믿는다. 그러나 태도와 자세만으로는 충분하지 않다. 생각이 말이 되고, 말이 손과 발이 되어 움직일 때 비로소 행정은 생명을 얻는다. 그래서 나는 5S와 짝을 이루는 다섯 가지 실천 덕목, 5품(五品)을 제시했다.

첫째, 두품(頭品)은 창의(創意)다.

AI가 도구가 되는 시대일수록 사람의 머리는 관성의 기계가 아니라 발상의 엔진이어야 한다. 정답이 막히면 질문을 바꾸어야 한다. "왜 안 되느냐"가 아니라 "어떻게 하면 되게 할 수 있느냐"를 묻는 머리, 나는 그런 두품을 행정의 첫 번째 품격으로 삼았다.

둘째, 입품(口品)은 소통(疏通)과 대화다.

말은 우리가 가장 먼저, 가장 많이 사용하는 수단이다. 오해를 풀고, 이해를 돕고, 신뢰를 쌓는 도구 역시 말이다. 칭찬과 격려가 먼저 나가면 신뢰가 되돌아온다. 불평과 불만보다 칭찬과 격려를 입에 달고 사는 공직자라면, 그가 맡은 행정도 반드시 더 나아질 것이라고 나는 믿는다.

셋째, 손품(手品)은 적극적인 행정이다.

진심을 표현하는 도구로서 손만큼 강력한 것은 없다. 나는 시민들에게도, 그리고 역대 대통령들께도 손편지를 많이 썼다. 대산-당진 간 고속도로 연장, 서산개척단 보상 건의, 대산공단 국세의 지방세 환원 비율 상향 요청, 석유화학산업 선제대응지역 지정 요청 등 서산의 현안을 한 글자 한 글자 손으로 써 내려갔다. 활자보다 손글씨에 마음이 더 또렷이 담겼다고 믿었기 때문이다. 편지는 결국 읽히고, 마음을 움직이는 힘이 된다. 그것이 손품 행정의 힘이었다.

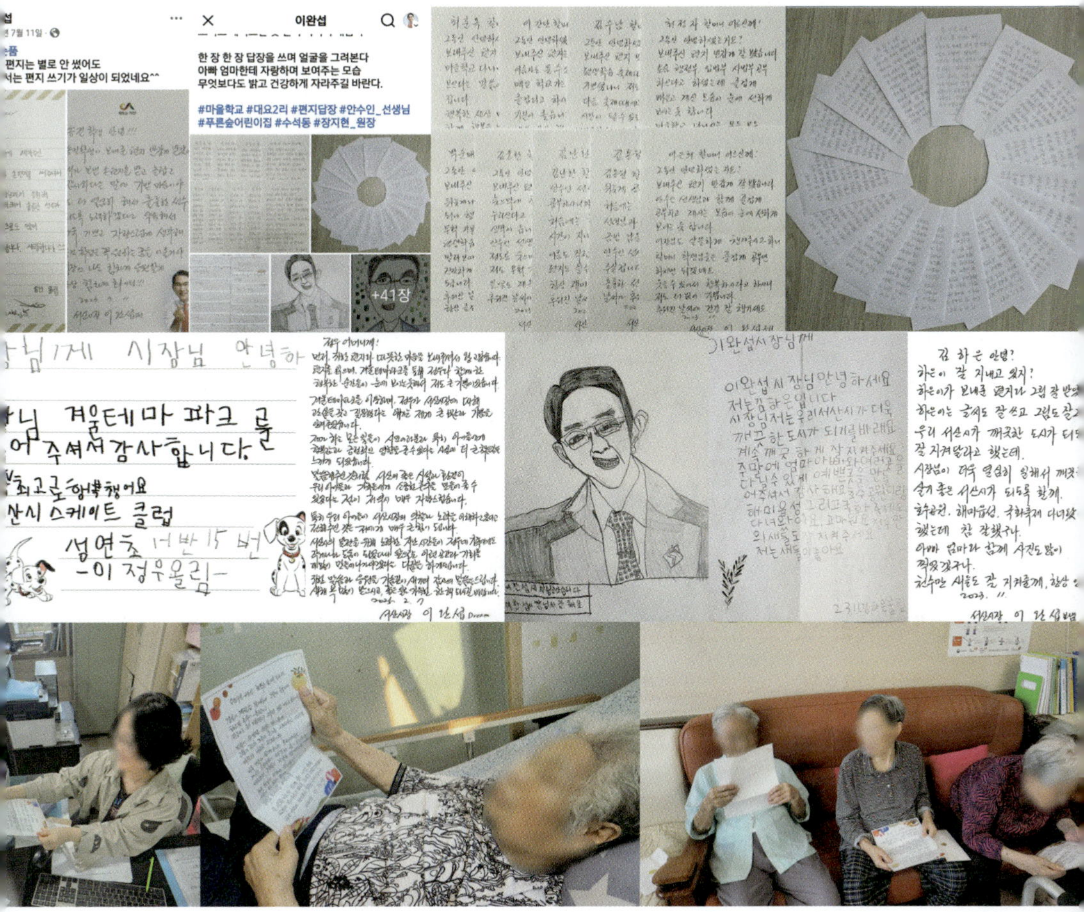

넷째, 발품(足品)은 현장 확인 행정이다.

숫자와 그래프는 방향을 가늠하게 해주지만, 현장의 공기와 냄새, 사람들의 표정은 그 방향이 옳은지 몸으로 알려준다. 나는 늘 발로 답을 찾으려 했다. 탁상행정을 피하고자 현장을 누비는 발품은 행정에서 선택이 아니라 필수 덕목이다. "우리의 문제는 현장에 답이 있다"라는 뜻으로, 나는 우문현답(愚問賢答)을 자주 인용한다. 어리석은 질문도 현장에 가면 현명한 답을 만날 수 있기 때문이다.

다섯째, 심품(心品)은 감동과 진심을 담은 행정이다.

마지막에 사람을 움직이는 것은 논리가 아니라 온기다. 열린 마음으로 설명하고, 따뜻한 책임으로 마무리할 때 불신의 매듭도 서서히 풀린다. 시민의 마음에 작은 감동 한 줄을 남기는 행정, 나는 그것을 심품이라고 부른다.

이처럼 5S가 행정의 자세를 세워 준다면, 5품은 행정의 마음을 붙들어준다. 자세와 마음이 함께 설 때, 행정은 거친 보고서가 아니라 유려한 문장처럼 흘러가게 된다.

"정치는 숫자가 아니라 사람의 마음을 얻는 일이다."

에이브러햄 링컨의 말처럼, 나는 행정을 통해 결국 마음을 얻는 길을 걸어가고자 한다.

MZ세대 공직자와 함께하는 5S5품 공감토크
2022. 10. 18.(화)
서산시청 대회의실

3.

가나다라 리더십

가족처럼 품고
나부터 솔선하며
다 함께 힘을 모아
라디에이터처럼
　갈등의 열을 식힌다
마주 보며 듣고
바로 보며 직시하고
사안마다 해법을 찾으며
아래 위 신뢰를 두텁게 쌓는다
자신감을 잃지 않고
차별화된 성과로 길을 열며
카리스마는 품되
타인에 대한 배려와
파죽지세의 추진력으로
하자, 가자, 다 함께 나가자

나는 행정의 본질이 시스템이 아니라 사람의 일임을 수없이 확인해 왔다. 지시는 속도를 내고, 공감은 방향을 낸다. 그래서 내 리더십의 뼈대를 우리 말글, 한글의 질서 속에서 찾았다.

2019년, 숭실대학교 대학원 강단에서 나는 처음으로 '가나다라 리더십'을 정식으로 소개했다. '가나다라마바사아자차카타파하'의 흐름 속에 조직 운영의 철학을 담은, 나 나름대로의 리더십 체계였다.

"가"는 가족같이 품는 마음이다.

조직 구성원을 단순히 일하는 사람, 인사기록부의 한 줄로 보지 않고, 함께 삶을 나누는 '직원가족'으로 대하는 태도다. 조직은 사무실이기 이전에 하나의 공동체다. 나는 시장이든 공무원이든 서로를 가족처럼 여기며 관심과 배려로 신뢰의 기반을 다지고자 애써 왔다. 그래서 나는 일상에서 '직원'이라는 표현보다 '직원가족'이라는 말을 더 즐겨 쓴다.

“나”는 나부터 솔선하는 자세다.

리더는 말보다 앞서 움직이는 사람이다. 남에게 시키기 전에 내가 먼저 본을 보이는 일은 어렵지만, 그 효과는 무엇과도 바꿀 수 없다. 아이에게 책을 읽으라 요구하기보다 부모가 먼저 조용히 책을 읽을 때, 아이가 자연스럽게 책을 집어 드는 것과 같다. 리더의 솔선수범(率先垂範)은 조직문화 전체를 바꾸는 첫 단추다.

“다”는 다 함께 협력하는 파트너십이다.

혼자 할 수 있는 일은 작고, 함께할 때 비로소 큰 산을 넘을 수 있다. 파트너십을 가진 사람들과 함께 일할 수 있다는 것은 리더에게 큰 축복이다. 한 사람의 성과에 머물지 않고, 모두의 역량을 키우는 교육과 기회를 아끼지 않는 것, 그것이 ‘다’의 정신이다. “백지장도 맞들면 낫다”라는 속담처럼, 함께 드는 힘이 결국 조직을 들어 올린다.

“라”는 라디에이터 같은 조정 역할이다.

자동차 엔진 안에서 뜨거운 열을 식혀주는 냉각장치가 라디에이터다. 조직에서 리더는 갈등의 열을 가라앉히는 라디에이터와 같다. 행정에 갈등이 생길 때, 이해관계를 조정하고, 각자의 사정을 귀 기울여 듣고, 모두가 수긍할 수 있는 접점을 찾아내는 일. 나는 이런 역할을 제대로 해내는 리더가 진짜 존중받는다고 믿는다.

"마"는 마주 보며 경청하는 자세다.

대화 자리에서 상대를 제대로 바라보지 않고, 보는 듯 마는 듯 스마트폰만 만지작거리는 태도는 관계를 금세 삭막하게 만든다. 반대로 상대의 눈빛을 똑바로 바라보며 귀 기울이는 리더는 큰 리더다. 마주보기는 곧 공감과 경청(傾聽)의 첫 번째 철칙이다. "내 이야기를 진심으로 들어주는구나"라는 인식이 쌓일 때 신뢰는 저절로 자란다.

"바"는 바로 보는 태도다.

리더는 사실을 사실 그대로 직시해야 한다. 이것은 직관력(直觀力)의 문제이기도 하다. 불편한 진실을 외면하고 보고 싶은 것만 보는 순간, 문제는 눈덩이처럼 불어난다. 서류와 현장을 함께 확인하며, 속도보다 '옳음'을 우선하는 자세가 바로 '바로 보기'다. 확인행정, 현장행정, 발품행정은 모두 바로 보기의 다른 이름이다.

"사"는 사안 해결 능력이다.

문제를 피하지 않고 정면으로 마주 서서 해법을 찾는 용기, 그것이 리더의 짐이자 책무다. 중요한 사안 앞에서 비켜서 있지 않고, 끝까지 답을 찾으려는 자세야말로 리더의 자격이다. 해결능력을 가진 리더는 위기에서도 두려움보다 책임을 먼저 떠올린다.

“아”는 아래위, 즉 상하 간의 신뢰다.

동료와 구성원 사이의 신뢰 없이는 큰일은커녕 작은 일 하나 제대로 이루기 어렵다. 조직과 사회는 신뢰를 바탕으로 움직인다. 한 번 잃은 신뢰를 되찾기 위해서는 상상 이상의 시간과 노력이 필요하다. 그래서 나는 늘 스스로에게 묻는다. “지금 이 결정이 신뢰를 키우는가, 아니면 조금이라도 갉아먹는가.”

“자”는 자신감이다.

자신감 없는 리더는 있으나 마나 한 존재가 되기 쉽다. 물에 물 탄 듯, 술에 술 탄 듯 흐릿한 태도로는 어떤 일도 성취할 수 없다. 흔들림 없는 소신과 확고한 자신감이야말로 조직을 바른 방향으로 이끌고 성과를 만들어낸다. 물론 그 자신감은 독선이 아니라 근거 있는 준비와 성찰에서 나와야 한다.

“차”는 차별성이다.

리더는 ‘차이’를 만들어 내는 사람이다. 차별성이 없는 리더는 결국 평범한 관리자에 머무른다. 같은 길을 조금 더 빨리 걷는 수준이 아니라, 새로운 길을 스스로 개척하는 것이 참된 리더다. 그런 리더가 조직을 살리고 도시를 살린다. 서산의 많은 정책과 사업은 기존의 틀을 조금 수정하는 정도가 아니라 새로운 장을 여는 과정이었다고 나는 믿는다.

"카"는 카리스마다.

리더는 나름의 카리스마를 지니고 있어야 한다. 추진력 있는 리더십도 필요하고, 동시에 따뜻하고 감성적인 카리스마와 서번트 리더십도 필요하다. 문제는 그 힘을 어디에, 어떻게 쓰느냐이다. 나는 본래 따뜻하고 부드러운 성향이지만, 외모와 오랜 공직 생활의 무게 때문에 다소 권위적으로 보이는 경우가 많다. 나 자신도 그런 부분을 늘 아쉬워하며, 더 많은 경청과 배려로 균형을 맞추고자 노력하고 있다.

"타"는 타인 배려다.

자신보다 상대를 먼저 헤아리는 마음, 역지사지(易地思之)의 자세가 리더의 진정한 덕목이라고 나는 믿는다. 포용과 배려는 리더의 품격을 결정한다. 배려는 때로 최고의 사랑이다. 상대방의 사정을 한 번 더 생각해 주는 한마디가 갈등을 막고, 마음을 연다.

"파"는 파죽지세 같은 추진력이다.

한 번 방향을 정했다면 주저하지 않고 밀고 나가는 힘은 리더가 가진 가장 강력한 무기다. 추진력이 없는 리더는 자질을 상실한 것이며, 있으나 마나 한 존재로 전락한다. 나는 다행히도 강한 추진력을 지닌 리더라는 평가를 많이 들어왔다. 그 추진력이 도시를 발전시키고 미래를 열어가는 원동력이 되었다고 스스로 믿고 있다.

"하"는 "하자, 가자, 나가자"의 정신이다.

우리는 혼자가 아니라 함께 살아가는 세상에 있다. 공동체 구성원과 마음과 행동을 함께할 때 비로소 성취가 가능하다. "혼자 가면 빨리 갈 수 있지만, 함께 가면 멀리 갈 수 있다"라는 말처럼, 인생은 장거리 달리기다. 리더는 모두가 긴 여정에 함께 나아갈 수 있도록 독려하고, 때로는 치어리더가 되어야 한다. "나를 따르라"는 외침보다, 어깨를 나란히 맞대고 호흡을 함께하는 리더가 결국 사랑받는 리더다.

나는 이 가나다라 리더십을 만들며, 지금도 스스로에게 수없이 묻는다.

"나는 지금 솔선수범하고 있는가?"

"나는 귀 기울여 제대로 듣고 있는가?"

"내가 내리는 판단은 옳은가?"

"문제 해결을 위해 최선을 다하고 있는가?"

이 질문들은 어느새 내 일상의 습관이 되었다. 그 습관이 나의 리더십을 조금씩, 그러나 단단하게 세워 주고 있다. 그럼에도 여전히 부족함을 느낀다. 그래서 나는 또 다짐한다. 더 깊은 성찰과 더 열정적인 실천으로, 이 질문들을 내 삶 속에 끝내 굳어진 습관으로 만들겠다고.

"백성을 이끄는 자는 먼저 자신을 이겨야 한다."
《세종실록(世宗實錄)》에 담긴 이 말은,
오늘도 내 리더십을 향한 채찍이자 나침반이다.

4.

클레오파트라 리더십

맑게 시작해 흐림을 남기지 않고
미래의 설계를 오늘에 그린다
된다, 하면 된다의 믿음으로 첫발을 내딛고
함께 손을 맞잡되 때로는 파죽지세로 밀어붙인다
쓰러지면 배워 일어나 더 단단해지고
사람과 부서를 줄 세우지 않으며
지휘자처럼 리듬과 균형을 맞춘다
품격으로 밀고, 품성으로 멈춘다

나는 리더십을 권위의 다른 이름이 아니라, '품격 있는 추진력'이라 정의하고 싶다. 그래서 고대 여왕의 이름을 빌려 '클레오파트라'라는 구조에 내 리더십 철학을 담았다.

"클"은 클린(Clean, 淸廉)이다.

클린 행정, 깨끗한 행정, 신뢰 행정을 뜻한다. 행정은 신뢰의 집이어야 한다. 신뢰를 잃은 행정은 사상누각(沙上樓閣)에 불과하다. 깨끗한 공무원이 하는 행정은 자연히 믿음을 주지만, 그렇지 못한 사람이 하는 행정은 아무리 성과를 내도 의심을 부른다. 의심의 그림자가 드리우지 않도록 맑게 시작하고 맑게 끝내야 신뢰가 쌓인다. 나는 항상 클린 행정을 바탕에 깔고 시정을 살펴왔다.

"레"는 레이아웃(Layout), 즉 설계도다.

리더는 당장의 성과에 조급해하며 일을 서둘러서는 안 된다. 시간이 걸리더라도 반드시 필요하다고 믿는 일이라면, 그 일부터 차근차근 추진하는 것이 옳다. 단기적 성과보다 장기적 비전을 바라보고, 기반과 기초(基礎)가 되는 일을 먼저 다져야 한다.

서산IC 입체교차로와 도로 완공(2012.12), 국지도 70호선 개통(2016.7), 서산 동서간선도로 개통(2013), 간월호 관광도로 개통(2018), 서산-영덕 간 고속도로(대산~당진 구간 25.36km 연장) 건설, 중국 영성시 룽앤항 항로 개척 및 대산항 국제여객터미널 완공(2016), 자원회수시설 완공(2025), 서산민항 건설 추진, 철도 건설사업, 서산시청 신청사 건립 추진, 종합문화예술타운 조성 추진, 수석동 도시개발사업과 터미널 이원화, 각종 산업단지 조성 추진 등은 모두 이런 철학 위에 놓인 하나의 레이아웃이었다.

정책에는 반드시 그림(構想圖)이 있어야 한다. 도시의 시간축 위에 서산의 미래를 입체적으로 설계하는 것, 그것이야말로 리더가 해야 할 일이다.

“오”는 ‘Oh, Yes!’로, 곧 5S·5품이다.

‘5S’는 발음상 ‘오~ 예스’로 들린다. 매사 긍정적 시각으로 접근하고, 긍정적 자세로 실천에 임하자는 의미다. 5S·5품에 대해서는 앞에서 이미 충분히 설명했다. 시정의 모든 일을 긍정의 관점에서 보고, 5S·5품을 일관되게 실천한다면, 목표 지점에 더 빠르고 더 정확하게 도달할 수 있다고 나는 믿는다. 5S·5품은 공무원뿐 아니라, 어디에서 어떤 일을 하든 누구에게나 통용되는 실천의 가치라고 생각한다.

“파”는 파트너십(Partnership)과 파죽지세(破竹之勢) 같은 추진력이다.

함께의 힘이다. 앞서 가나다라 리더십에서도 강조했듯, 나 이외의 사람들은 모두 나의 파트너가 될 수 있다. 관계를 맺고 있는 모든 사람과 좋은 파트너십을 유지하는 것이야말로 최고의 자산이다. 부부, 자녀, 직장 동료와의 파트너십이 무너지면 삶 자체가 흔들리듯, 시와 도, 중앙정부, 기업, 학교, 단체, 시민 모두와의 파트너십 역시 행정의 성패를 가른다. 나는 좋은 파트너십을 만들고 유지하기 위해 끊임없이 소통하고, 스스로 먼저 다가가려 노력해 왔다.

또한 추진력이 없으면 소기의 성과를 거둘 수 없다. 옳다고 판단한 일이라면, 충분한 설명과 설득의 과정을 거치되, 결정된 이후에는 강한 소신(所信)으로 뚝심있게 추진할 필요가 있다.

일부 반대의 목소리에 주눅 들어 쉽게 꼬리를 내리는 식이라면, 차라리 처음부터 시작하지 않는 것이 낫다. 나는 추진력 있는 리더십이야말로 리더의 가장 중요한 덕목 중 하나라고 믿는다.

"트"는 Try & Training, 도전(挑戰)과 학습(學習)이다.

도전과 학습은 떼려야 뗄 수 없는 쌍둥이다. 시도하지 않으면 아무 일도 일어나지 않는다. 실패는 끝이 아니라, 다시 배우고 도전하는 과정이다. 도전 속에서 배우고, 배움 속에서 다시 도전하며 선순환의 결실을 맺는 것이 도시 발전의 길이다.

서산시장의 자리에서 단순히 일상적인 업무만 처리해서는 시민의 삶의 질을 높일 수 없다. 개인이든 조직이든 도전 없는 삶은 결국 제자리걸음에 머문다. 나는 서산의 미래를 바꾸고자, 눈앞의 성과가 당장 보이지 않더라도 필요한 일이라면 과감히 도전해 왔다.

자원회수시설 건립, 터미널 이원화, 사통팔달 도로망 구축 같은 굵직한 사업에서부터, 바닥분수, 호수공원 초록광장, 서산·해미IC 특성화, 파크골프장, 여름·겨울테마파크 조성 등 다양한 체육시설 조성에 이르기까지, 그 사례는 일일이 나열하기 어려울 정도다.

또한 교육과 훈련은 결코 소홀히 할 수 없다. 끊임없는 학습과 자기 연마가 공직자의 자질을 키운다. 나는 직원들의 자기계발을 위해 국내외 선진지 견학, 주기적 직장교육 등 다양한 기회를 제공해 왔다. 나 자신도 인터넷 미래학당(ZOOM 교실)을 통해 얻은 통찰, 해외 출장에서 배운 도시정책 사례를 시정에 적극 반영하려 애써 왔다.

마지막으로 "라"는 라인업(Line-up)이다.

이는 단순한 줄 세우기가 아니라 적재적소(適材適所)의 인력 배치, 곧 인사(人事)를 의미한다. 서산시청이라는 큰 오케스트라에서 각 부서가 제 음색을 제대로 낼 수 있도록, 나는 지휘자의 귀로 균형과 흐름을 맞추려 노력한다.

운동 경기에서 포지션이 중요한 것과 같다. 축구에서 공격수를 수비로 돌려세우면 패배를 자초할 수밖에 없다. 기획력이 뛰어난 직원을 기획부서에 두지 않고 일반 집행 부서에 배치하는 것도 같은 실수다. 결국 모든 것은 사람에 달려 있다. 사람을 적재적소에 배치하는 일은 조직 운영에서 가장 중요한 과제 중 하나다.

여기에 더해 사람을 잘 쓰는 용인술(用人術)까지 갖춘 리더는 조직의 큰 축복이다. 나는 공직의 대부분을 인사 분야에서 보냈다. 그럼에도 시장으로서 인사를 결정할 때가 가장 힘들고 괴롭다. 실제로 "인사만 없다면 시장직은 훨씬 편하고 재미있게 할 수 있을 것 같다"라는 말을 인사철마다 입버릇처럼 하곤 한다. 그만큼 적재적소의 배치는 결코 쉽지 않은 과업이다.

그러나 어렵다고 해서 피할 수는 없다. 반드시 해야 할 일이고, 또 그렇게 되도록 끝까지 노력해야 한다. 나는 앞으로도 이

기본을 결코 놓지 않을 것이다. 인사는 만사(萬事)다. 아니, 인사는 예술이다.

"리더십은 높이 오르는 기술이 아니라,
사람을 품고 미래를 여는 예술이다."

제2부

삶의 결을 바꾸는 따뜻한 변화

3 도전과 시련 – 멈추지 않는 용기

1.

소각장을 넘어서 – 친환경 미래로 가는 13년의 불꽃

바람은 어제를 밀어내고
빛은 내일을 향해 피어난다.
버려진 것의 그림자 너머에서
나는 다시 살아나는 불빛을 보았다.
사그라질 듯 흔들리던 도시의 숨결이
한 점 불씨에서 다시 타오를 때
그 불꽃은 쓰러진 것을 태우지 않고
미래를 밝히는 등불이 되었다.
순환의 길 위에서 서산은
스스로 되살아나는 도시가 되었다.

2012년, '자원회수시설(資源回收施設)'이라는 단어가 서산시의 행정지도 위에 조심스럽게 새겨졌다. 그때만 해도 소각장은 혐오시설(嫌惡施設)의 대명사였다. 그러나 나는 믿었다. 시민이 손가락질하지 않는 공공시설로 충분히 가능하다는 것을.

현실은 냉혹했다. 서산시에서는 하루 약 180톤의 생활폐기물이 배출되고 있었다. 모두 민간 처리업체에 맡겨야 했고, 처리 단가는 2016년 톤당 9만 9천 원이던 것이 2017년 13만 9,700원, 2018년에는 19만 5천 원까지 치솟았다. 그에 따라 처리비도 2016년 28억, 2017년 41억, 2018년에는 60억 원 수준까지 불어났다. 쓰레기 양은 계속 늘고 있었고, 이 추세라면 머지않아 연간 100억 원 가까운 시민의 세금이 '남의 소각장'으로 흘러갈 것이 뻔했다.

나는 이 불합리한 구조를 더는 방치할 수 없다고 판단했다.

문제는 '누가, 어디서, 어떻게 태울 것인가'였다. 서산의 쓰레기 180톤 가운데 약 80톤은 가연성 쓰레기였다. 이 물량을 서산시 단독 소각장으로 처리하는 것은 경제성·환경성 측면에서 타당성이 떨어졌다. 마침 정부에서도 폐기물 광역화 정책을 강하게 추진하고 있었다. 그래서 시에서는 광역(廣域) 자원회수시설, 다시 말해 서산·당진이 함께 쓰는 200톤 규모 광역 소각장을 구상했다. 시설비의 절반은 국가가 지원하고, 운영 단계에서는 당진시로부터 안정적인 위탁 처리 수수료를 받을 수 있는 구조였다. 환경과 재정을 동시에 고려한 합리적 선택이었다.

시에서는 두 차례의 공모와 입지 조사를 거쳐 2017년 양대동을 최종 입지로 결정했다. 그러나 바로 그 지점에서 반발이 거세게 일어났다. 일부 반대자들은 "다이옥신 공장이 들어와 삶이 초토화된다", "당진 쓰레기까지 대신 태워주는 밀실 행정이다", "공군 비행구역이라 굴뚝을 높이 세울 수 없어 위험하다" 라고 주장했다. 해미읍성 축제와 국화축제, 시민체육대회 현장 곳곳에서 격한 피켓과 전단이 나돌았고, 심지어 새해 시민과의 대화가 열리던 날에는 청사입구에서 나를 효수(梟首) 처단하겠다는 섬뜩한 표현이 실린 전단까지 뿌려졌다.

시민들께 제대로 실상을 알리기 위한 다양한 노력을 기울였다. 시청 출입기자들에게 현장 견학을 다녀오도록 했고, 나도 직접 간부 공무원들과 함께 아산 생활자원처리장을 견학했다. 당시 알아본 바에 의하면 마포자원회수시설은 종로·중구·용산·서대문·마포 등 5개 자치구의 쓰레기를 도심 한복판에서 처리하고 있었지만, 연간 민원은 "낙엽 타는 냄새가 난다"라는 수준의 신고가 한두 건에 그쳤다. 고도화된 연소 기술과 반건식 반응탑, 백필터, 활성탄, 촉매 설비 등이 먼지와 다이옥신, 중금속, 질소산화물을 법적 기준치보다 훨씬 낮게 걸러내고 있었고, 시설에서 나오는 폐열(廢熱)은 인근 2만 가구에 온수·난방으로 공급되고 있었다.

아산 생활자원처리장은 서산시가 계획한 시설과 같은 하루 200톤 규모였다. 과거에는 당진과 홍성의 쓰레기까지 받아 처리했으나, 아산의 인구 증가로 2017년 이후에는 홍성 물량 40톤만 받아도 포화 상태에 이르고 있었다. 그곳의 150미터 아산 그린타워에는 전망대와 카페, 사우나·찜질방·헬스장이 들어서 있었고, 인근 주민들에게는 종량제 봉투, 잉여열 판매수입 등을 주민복지기금으로 하여 연간 7~7.5억 원가량의 혜택이 돌아가고 있었다. 반대하던 주민들조차 이제는 "소각장을 더 늘려달라"고 요구한다는 관계자의 말은 내게 큰 울림을 주었다. "기피에서 기쁨으로, 혐오에서 환영으로 바뀌는 길은 기술과 신뢰 위에 있다"라는 사실을 눈으로 확인한 셈이다.

나는 이 경험을 토대로 시민들에게 설명하고 또 설명했다. 읍·면·동장 회의, 간부회의, 주민설명회, 언론 간담회… 수없이 많은 자리에 서서 나는 같은 말을 반복했다. "우리가 지금 돈을 들여 짓는 것은 '쓰레기 소각장'이 아니라 '환경 안전장치'입니다. 화장실이 안방으로 들어온 이유는 기술의 발전 덕분입니다. 소각장도 마찬가지입니다."

그러나 사실보다 감정이 앞서는 시기였다. 일부 극렬 반대자들은 국민권익위원회에 감사를 청구하고, 검찰에 나와 공무원들을 고발하기까지 했다. 국민권익위원회는 2017년 7월, 관련 절차와 내용에 중대한 하자가 없다는 결론을 상세한 공문으로 통보했다.

같은 해 12월, 검찰도 고발 건을 각하(却下)했다. 행정과 사법의 공식 판단은 "문제가 없다"였지만, 거리의 전단은 "모든 게 문제"라고 외치고 있었다. 이 괴리가 정치적 프레임으로 번져갔고, 결국 그 소용돌이는 2018년 지방선거에서 나를 시장 자리에서 밀어내는 불쏘시개가 되었다.

하지만 나는 멈추지 않았다. 진실은 언젠가 스스로의 무게로 제자리를 찾는다. 2019년 1심에서 자원회수시설 입지 선정의 정당성이 인정되었고, 2022년 7월 대법원 상고 기각으로 모든 논란이 법적으로 종지부를 찍었다. "위법하다"라는 외침은 사라지고, "정당했다"라는 판결만이 기록으로 남았다.

그리고 다시, 시민의 부름을 받아 민선 8기 시장으로 돌아온 나는 2022년 11월 17일, 그토록 기다리던 첫 삽을 들었다. “시민과 함께, 시민을 위한 공간으로.” 내가 바라본 자원회수시설은 단순한 소각장이 아니었다. 총사업비 1,056억 원이 투입된 이곳은 서산시의 재정 건전성과 환경 지속가능성을 동시에 품은 상징이다. 해마다 100억 원에 육박하던 위탁 소각비를 줄이고, 폐열을 전력과 온수로 회수해 자원순환의 선순환 체계를 완성하는 도시의 ‘환경발전소’였다.

그뿐만 아니라, 나는 이 시설에 시민의 품격을 입히고자 했다. 94미터 높이 전망대를 중심으로 실내 어린이 암벽장, 어드벤처 슬라이드, 찜질방, 물놀이장, 환경교육장, 주민 편의시설을 함께 배치했다. 아산에서 보았던 그린타워의 장점을 서산에 맞게 발전시켜, ‘폐기물 처리장’이 아니라 ‘가족이 찾는 문화공간’으로 만들고자 한 것이다.

2025년 6월 27일, 전망대 상부 구조물이 완성되었고 7월 13일, 마침내 불꽃이 첫 숨을 내쉬었다. 이날의 착화식(着火式)은 단순한 가동의 신호가 아니었다. 13년의 논쟁과 갈등, 왜곡과 오해를 견딘 끝에 피워 올린 서산시민의 자긍심이자 화해의 상징이었다. 7월부터 본격적인 시운전에 들어갔고, 2025년 11월 서산·당진 간 광역 협약을 통해 안정적인 운영 체계도 갖추었다. 이후 2025년 11월 17일, 당진시 생활폐기물 반입이 시작되었다.

해뜨는 서산
서산시 광역 자원회수시설

서산시 광역 자원회수시설 준공식

자원에서 에너지로,
친환경 미래의 시작!
미래환경을 선도하는
도약하는 서산,
살맛나는 서산
서산시 광역 자원회수시설 준공식
· 일시: 2025. 12. 2.(화) 15시 · 장소: 서산시 양대동 827, 828번지 일대
충청남도
해뜨는 서산
한국환경공단
코오롱글로벌(주) 컨소시엄

서산의 지속가능한 환경도시를 향한 첫걸음!
서산시 광역 자원회수시설 준공식

미래환경을 선도하는

서산시 광역 자원회수시설 준공식

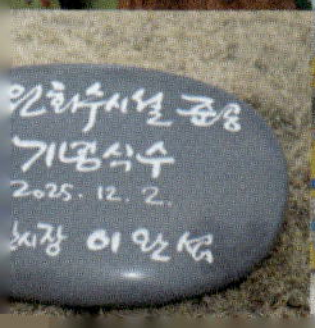
기념식수
2025. 12. 2.
이완섭

2025년 12월 2일, 이날은 나에게는 오래토록 기억에 남을 또 하나의 역사적인 날이다.

매서운 한파 속에서 드디어 준공식이 열렸다. 얼굴이 얼고, 마이크를 잡은 손끝이 시릴 정도로 추웠지만 내 마음은 뜨거웠다. 기념사를 시작하자마자 감정이 북받쳐 목이 메었다. 말을 잇지 못하고 잠시 하늘을 올려다보았다. 그 순간, 새로 태어난 94미터 전망대가 시야에 들어왔다. 그 모습을 보는 찰나, 또다시 울컥했다. 간신히 마음을 가다듬고 기념사를 마쳤다.

나는 그 자리에서 진심을 담아 말했다.

"반대했던 분들에게도 감사드립니다. 그분들의 반대가 없었다면 이곳은 그저 밋밋한 굴뚝으로 남았을 것입니다."

애증 같은 시간들이었지만, 그 감정이 이 시설을 더 나은 모습으로 밀어올렸다.

준공식에는 성일종 국회의원, 조동식 시의장을 비롯한 시의원들이 거의 모두 참석했다, 그리고 석남동 최수길 노인회분회장을 비롯한 지역 주민들과 사회단체장 등 200여 명이 자리를 함께했다. 식이 끝난 뒤 나는 기념식수를 했고, 직원들의 안내에 따라 참석자들은 시설 곳곳을 둘러보았다.

94미터 전망대, 어드벤처 슬라이드, 교육관, 어린이 암벽장, 찜질방과 목욕탕 등 모든 편의시설을 하나하나 살펴보며 참석자들은 입을 모아 말했다.

"너무 잘 만들었다."

"이 정도일 줄 몰랐네."

"서산이 해냈다."

칭찬은 한결같았고, 나는 그 말들 속에서 지난 세월의 무게가 한순간에 풀려나감을 느꼈다.

이 시설의 의미는 단순한 완공에 있지 않다. 버려진 것을 되살리는 순환의 철학, 환경과 사람을 함께 품는 통합의 비전, 갈등을 넘어 협력으로 나아간 공동체의 성숙함~

이 모든 것이 하나의 굴뚝, 하나의 전망대, 하나의 공간 속에 응축되어 있다.

그리고 2026년이 시작되면서부터 나의 선택이 틀리지 않았음을 조용히 증명하기 시작했다.

수도권 생활폐기물 직매립 금지가 2026.1.1.부터 시행되면서, 서울 강동구·금천구를 비롯한 일부 자치구에서는 쓰레기 처리 대란이 현실이 되었다. 자체 소각시설이 없는 지자체들은 충청권 민간 소각장과 폐기물 처리업체를 찾아 쓰레기를 외부로 보내기 시작했다. '폐기물 발생지 처리 원칙(發生地主義)'은 흔들렸고,천안·공주 등 인근 지역주민들 사이에서는 수도권 쓰레기 유입에 대한 반발 움직임이 나타났다. 준비되지 않은 도시는 선택지가 없었다. 비용은 오르고, 협상력은 약해졌으며. 행정은 외부 환경에 휘둘리기 시작했다.

아시아투데이

2026년 01월 09일 (금)
지역

[기자의 눈] '논란 극복' 미래의 자산 된 서산시 자원회수시설

이후철 기자

충남 서산시 양대동 자원회수시설을 둘러싼 찬반 논쟁은 이제 과거가 됐다. 한때 '소각장'이라는 단어만으로도 지역사회가 들끓던 시절이 있었지만, 현재는 서산의 새 핫 플레이스로 떠오르고 있다.

이제 이곳은 시설의 필요성과 정당성을 둘러싼 공방은 사실상 종지부를 찍었고, 남은 쟁점은 부대시설 운영과 인근 지역 간 이해관계 조정이라는 행정적 과제뿐이다.

무엇이 변화를 만들었을까. 시민사회의 숙의·설득 과정과 자치단체장의 추진력이 꼽힌다. 사업 추진 초기부터 지역 내에서 적지 않은 반대와 우려에 직면했다.

시는 사업과정에서 주민설명회 등을 열고 시민사회와 인근 주민들을 대상으로 시설의 필요성과 운영 방식, 환경 영향 등에 대해 설명하는 과정을 거쳤다.

이과정에서 소각 방식과 안전성, 주변 환경 관리방안 등을 둘러싼 다양한 의견이 제기됐고, 일부 운영 계획을 보완하며 논의를 이어갔다.이같은 숙의 과정 이후에도 사업을 끝까지 완주하는 일은 쉽지 않았다.

하지만 이완섭 서산시장은 사업을 중단하지 않았다. 선거 패배라는 정치적 상처가 고스란히 남아 있던 사업임에도, 행정 책임자로서 비판과 부담을 감수하며 추진을 이어갔고, 자원회수시설은 결국 준공으로 이어졌다.

"지금의 비난보다 도시의 미래가 더 중요하다"는 판단은 끝내 흔들리지 않았고 그 선택은 결과로 증명됐다. 양대동 자원회수시설은 총사업비 수백억 원 규모가 투입된 생활폐기물 처리 시설로, 하루 수백 톤의 생활쓰레기를 안정적으로 처리할 수 있는 기반을 갖추고 있다.

해당 시설은 일반 매립이 아닌 고온 소각 방식의 자원회수 공정을 통해 쓰레기 부피를 줄이고, 처리 과정에서 발생하는 열을 활용해 전력과 에너지로 재활용하는 구조다.

소각 과정에서 배출되는 대기오염물질은 다단계 정화 설비를 거쳐 법정 배출 기준보다 낮은 수준으로 관리되고 있다. 이 시설은 더 이상 단순한 소각장이 아니다.

친환경 교육과 체험, 전망대와 관광 기능까지 더해진 복합 공간으로 재탄생했다.

개장 이후 시설을 찾은 시민과 방문객들은 "이 정도라면 좋다"며 환영하고 있다.

'혐오시설'이 '효자시설'로 인식이 전환되는 장면을 서산시는 실제로 만들어냈고, 인근 지자체들로부터 부러운 시선을 받고 있다.

특히 주목할 점은 시기다. 2026년 1월 1일부터 생활쓰레기 직매립이 전면 금지되는 대전환을 앞두고, 서산은 이미 자체 처리 역량을 갖췄다.

수도권쓰레기 대란이 전국 이슈로 번지는 상황에서도, 서산이 비교적 담담히 제 갈 길을 갈 수 있다.

'준비된 도시'가 위기 앞에서 얼마나 큰 차이를 만들어내는지 보여주는 사례다. 지난해 12월 2일 준공식에서 이완섭 시장이 눈시울을 붉혔다는 일화도 회자된다.

이는 단순한 감정의 표출이 아니라, 갈등과 비난, 정치적 부담을 넘어 도시의 미래를 열어냈다는 안도의 순간으로 읽힌다. 긴 터널을 지나온 행정 책임자의 무게감이 응축된 장면이다. 한때 격렬한 논쟁의 한복판에 섰던 시설이 이제는 서산의 자존심이 됐다.

위기를 내다본 선견지명, 추진을 멈추지 않은 행정의 결단, 그리고 시민이 체감하는 결과. 양대동 자원회수시설은 단지 쓰레기를 처리하는 공간을 넘어, 도시가 스스로의 내일을 책임질 수 있다는 사실을 증명한 장소로 남고 있다.

이 장면은 나에게 가정이 아니라 이미 예견했던 미래였다. 만약 서산에 자원회수시설이 없었다면, 우리 역시 외부 처리에 의존하며 걱정하는 신세가 되었을 것이다. 양대동 자원회수시설은 외부 쓰레기를 받기 위한 시설이 아니다. 외부 쓰레기로부터 서산을 지켜내기 위한 선택이었다. 정치적 손실을 감수하고서라도 이 길을 완주해야 했던 이유가 여기에 있다.

나는 믿는다. 이 불빛이 꺼지지 않는 한 서산은 스스로 되살아나는 도시로 기록될 것이다.

언젠가 아이가 묻는 날이 오겠지.

"여기가 소각장이에요?"

그때 나는 이렇게 답할 것이다.

"아니란다.

여긴 자원을 되살리는 마법의 공장이야."

불의 힘으로 다시 피어난 순환의 도시, 서산.

오늘 타오른 불꽃은 단지 쓰레기를 태운 것이 아니라, 서산의 내일을 밝히는 빛이었다.

"위기는 새로운 질서의 문 앞에 선 기회다."

– 알버트 아인슈타인

2.

터미널을 품는 수석동 도시개발 – 도시의 숨을 틔우다

도시는 숨이 막혀 용틀임하고 있었고
나는 수석동에 새 심장을 놓으려 했다.
옛 터미널은 숨결로, 새 터미널은 맥박으로
머리와 심장을 잇는 순환의 도시를 꿈꾸었다.
그러나 괴소문은 독처럼 번졌고
진심의 언어는 바람에 묻혔다.
거짓은 달렸고, 진실은 뒤따랐다.
조롱 속에서 시간만이 증거를 품었다.
끝내 시간은 진실의 길을 밝혔고
나는 다시 그 길로 돌아왔다.
무너진 신뢰 위에 새 길을 놓으며
끊긴 도시의 맥박을 다시 잇는다.
서산은 다시 숨을 쉬고
그 숨결 속에서 나의 진심도 되살아난다.

도시는 사람과 닮았다. 살아 있는 생명체처럼 끊임없이 숨쉬고 순환해야 한다. 멈추면 정체되고, 정체되면 쇠한다. 나는 서산의 중심부에서 그 숨이 막혀가고 있음을 보았다. 1980년에 건립된 서산공용버스터미널은 오랜 세월 시민의 발이자 도시의 관문이었다. 그러나 세월이 흐르며 인구와 교통량이 급증했고, 터미널은 이미 그릇을 넘치고 있었다. 도심의 교통정체는 날로 심해졌고, 협소한 공간은 더 이상 교통의 중심으로 기능하기 어려웠다. 도시의 숨통을 틔워야 했다.

나는 단순한 '이전'이 아니라 도시의 구조를 바꾸는 '이원화(二元化)'를 구상했다. 기존 터미널은 시내버스 환승과 지역 교통의 중심지로 남겨두고, 수석동 일원에는 새로운 시외·고속버스터미널을 조성하는 계획이었다. 하나는 도시의 머리가 되고, 하나는 심장이 되어 서산의 교통과 상권이 균형을 이루는 구조였다. 이 계획은 2010년에 첫발을 내디뎠다. 2011년에는 터미널 이전 타당성 조사가 이뤄졌고, 2014년 7월 민선 6기 시장 취임과 함께 이를 공식 공약으로 제시했다. 당시의 계획은 총 86만㎡ 규모였다.

그러나 후임 시장 시절 사업은 절반의 크기로 축소되었고 학교용지까지 사라졌다. 도시는 균형 발전의 기회를 잃어버렸고, 나는 오래 준비해온 장기 비전의 한 축이 접히는 것을 지켜봐야 했다. 2016년 10월 공식 발표한 '터미널 이원화 계획'도 본래의 형태를 유지하지 못했다.

그 과정에서 소문은 정책의 본질보다 먼저 퍼졌다. "터미널이 사라진다", "상권이 죽는다"는 불안이 도시 곳곳에 번졌고, "시장 친형이 부지를 샀다", "정보를 이용해 이익을 챙겼다"는 허위사실이 꼬리를 물었다. 특정 인물들의 왜곡과 정치적 프레임이 결합하며 진심은 악의의 표적이 되었다. 결국 2018년 지방선거 패배로 이어졌던 이 왜곡들은 시간이 지나 법의 판단을 통해 바로잡혔다. 전직 국장 N씨와 상인회장 C씨가 벌금 500만 원, 환경운동가 B씨가 300만 원을 선고받으며 허위사실 유포가 명백히 밝혀진 것이다.

시간은 진실의 편이었다.

그리고 2022년, 나는 다시 시민의 부름을 받았다. 민선 8기의 첫 과제 중 하나는 멈추어 있던 수석지구 도시개발을 다시 움직이는 일이었다. 2022년 도시개발구역 지정과 개발계획 승인을 마쳤고, 2024년 3월 사업시행자 지정을 완료했으며, 그 해 말 실시계획 인가까지 마무리했다. 환지계획 수립과 환지예정지 지정 공고 등 행정 절차도 착실히 이어졌다. 서산의 도시 구조를 다시 세우는 기초공사가 비로소 자리를 잡기 시작한 것이다. 그리고 2025년 12월 23일, 수석지구 도시개발사업은 조용하지만 결연하게 본격적인 착공 단계로 진입했다.

착공식 같은 형식을 갖추지 않았지만, 행정과 시공이 현장에서 그대로 진행되는 실질적인 "착공의 시작"이었다.

이 사업은 총면적 48만 6,470㎡ 규모에 약 1,340억 원을 투입해 도로·주거·상업시설을 조성하는 대규모 도시 구조 개편이다. 주거용지 19만 3,264㎡, 상업용지 6,919㎡, 도시기반시설용지 28만 6,287㎡로 구성되며, 이 개발은 관내 중심생활권과 내포신도시를 연결하는 새로운 도시축을 완성하게 된다. 또한, 대규모 성토가 필요한 현실을 고려해 호수공원 복층주차장 및 초록광장 공사 현장에서 발생한 사토를 반입·활용하는 방식으로 적극 검토·추진되었다. 이는 토사 조달에 따른 예산 부담을 줄이고 전체 사업비를 절감하는 실질적인 재정 효율화 전략이다.

이 사업은 대산지구 도시개발사업 이후 약 12년 만에 시가 직접 시행하는 도시개발사업이라는 점에서 의미가 크다. 서산시는 수년간 관계기관과 협의하며 개발계획(2023년 12월), 실시계획 인가(2024년 3월), 환지예정지 지정(2024년 11월)까지 이어지는 복잡한 절차를 모두 밟아냈고, 드디어 첫삽(2025.12.23)을 뜨며 눈에 보이는 도시조성 단계로 들어섰다.

수석지구 도시개발은 갈등과 오해를 지나 진실의 자리로 돌아온 사업이며, 도시의 숨을 다시 여는 구조 개편이다. 정책은 결국 진심으로 완성되고, 진실은 반드시 제자리를 찾는다. 나는 그 믿음 하나로 오래된 길을 걸어왔고, 앞으로도 그 길을 계속 걸어갈 것이다.

"거짓은 달릴 수 있으나, 진실은 끝내 도착한다."

- 윈스턴 처칠

3.

산폐장 논란
– 오해와 진실 사이

소문은 바람이 되어 흔들고
진실은 그늘에 숨어 떨었네.
진흙탕의 정치 속에서
나는 묵묵히 진흙을 씻었고,
불안을 달래려던 손길은
오히려 불신의 불씨가 되었다.
메아리조차 닿지 않던 그날들,
나는 오직 진실 하나만 붙들었다.
시간이 고요를 데려오자
비로소 드러난 진실의 얼굴
흔들려도, 부서지지 않았던 날들.
그래서 나는 다시 걷는다.
시민을 향해, 미래를 향해.

나는 서산시장으로 재임하면서 수많은 정책을 추진해 왔지만, 그중에서도 가장 억울했고 가장 깊은 상처로 남은 일이 있다면 단연 '산업폐기물 매립장', 이른바 "산폐장" 문제였다. 이 사업은 내가 추진한 것도, 내가 허가한 것도 아니었다. 법적으로 허가권은 도지사에게 있었다. 하지만 온갖 비난의 화살은 서산시장인 나에게 향했다. 그 화살은 날카로웠고, 무엇보다 진실을 가렸다.

산폐장은 민간 기업(서산EST)이 주도한 사업이었다. 충청남도 안희정 도지사의 허가를 받아 합법적으로 추진되었고, 서산시는 이를 제지할 권한이 없었다. 그러나 이 단순한 사실은 사람들의 감정 앞에 무력했다. 마치 내가 이 사업을 유치한 것처럼, 마치 내가 주민의 반대를 무시하고 기업의 편에 선 것처럼 회자되었다.

나는 시민들의 불안을 무겁게 받아들였다. 그래서 가능한 모든 노력을 다해 전국 폐기물 반입을 막고자 했다. 2016년, 지곡면 22개 마을 이장단과 사업자 대표가 만나 영업 범위를 오토밸리 인근으로 제한하기로 합의했다.

이 합의를 뒷받침하기 위해 서산시는 금강유역환경청과 협의하여 '인근'이라는 개념이 반경 3km 이내라는 유권해석을 받아냈고, 이를 서산소식지를 통해 시민들에게 알렸다. 이 조치는 단순한 행정 절차가 아니라, 주민을 보호하려는 진심에서 비롯된 방어막이었다.

하지만 반대 세력은 이조차도 왜곡했다. 시청에서 매월 발행하는 서산소식지를 “시장 편을 드는 불온 삐라”로 낙인찍었고, “사업자를 대변하는 언론 플레이”라며 더욱 강하게 반발했다.

이내 상황은 환경 논란에서 정치적인 갈등으로 번지기 시작했다. 2018년 지방선거를 앞두고 ‘이완섭 낙선 추진위원회(오스카빌 아파트 창문에도 부착)’가 조직되었고, 매주 금요일 서산호수공원 원형광장에서 촛불집회가 열렸다. ‘서산엄마들의 모임’ 카페와 특정 아파트 커뮤니티는 허위사실이 퍼지는 진원지가 되었다. 당시 나는 350여 통에 달하는 항의 문자 폭탄을 받았고, 그중 상당수는 젊은 엄마들의 극렬한 표현이 섞인 메시지들이었다.

2018년 6월 13일에 치러진 제7회 전국동시지방선거에 출마한 각당 시장후보들은 모두 산폐장을 원점에서 재검토하고 당선 직후 산폐장 공사를 중단시키기 위해 적극적으로 노력하겠다는 공동협약서에 서명했다. 당시 시장후보들은 더불어민주당 맹정호, 자유한국당 이완섭, 바른미래당 박상무, 정의당 신현웅이었다.

어떠한 해명도 통하지 않는 상황 속에서, 나는 말없이 모든 비난을 감내했다. 나 혼자만 서명하지 않았고 결국 2018년 선거에서 낙선했다. 하지만 나는 시간이 진실을 밝혀줄 것이라 믿었다. 그리고 그 믿음은 틀리지 않았다.

2021년, 대법원은 산폐장 사업자인 서산EST가 금강유역환경청장을 상대로 낸 ‘사업계획 적정통보 취소처분 취소’ 소송에서 심리불속행 기각 판결을 내렸다. 이는 곧, 사업자의 손을 들어준 판결이었다. 이 판결은 다음의 사실을 명확히 했다. 첫째, 산폐장 사업은 법적으로 아무런 문제가 없었다. 둘째, 서산시는 이를 막을 권한이 없었으며 절차 또한 정당했다. 셋째, 그간 반대 세력의 주장은 허위였다는 점이다.

오히려 반대 세력이 끝까지 주장했던 '백지화'는 법적으로 불가능한 일이었고, 그들이 강하게 반대한 사이 어렵게 만들어 놓은 '지역 제한'이라는 방어막이 사라져 버렸다. 대법원 판결 이후, 사업자는 더 이상 3km 제한을 지킬 이유가 없게 되었고, 전국을 대상으로 사업을 확장할 수 있게 된 것이다. 이는 모두가 원치 않았던, 안타까운 결과였다.

2025년 1월, 기록적인 폭설과 강풍으로 인해 산폐장의 돔 구조물이 일부 손상되는 사고가 발생했지만, 서산시는 즉시 반입을 중단하고 전면 복구를 진행토록 했다. 투명한 정보 공개와 신속한 대응은 시민들의 신뢰 회복을 위한 진심 어린 노력이었다.

산폐장은 이제 되돌릴 수 없는 현실이 되었다. 중요한 것은 이 시설이 어떻게 안정적으로 문제 발생 없이 잘 운영되도록 하느냐, 그리고 시민들의 건강과 안전을 어떻게 지켜낼 것이냐는 문제다. 다행스럽게도 회사 측은 시민들께 걱정 끼치는 일이 생기지 않도록 최선을 다하겠다는 자세를 보이고 있다. 시장으로 다시 돌아온 나도 시장으로서의 관리 감독 책임에 최선을 다하고 있다. 허위와 왜곡 속에서도 흔들리지 않았던 나의 마음, 시간이 지나 밝혀진 진실인 만큼 시민들의 기억 속에 충분히 정리되어 가고 있을 것으로 믿는다.

산폐장으로 오해받으며 찢겨지고 훼손된 나의 마음도 이제는 많이 아물었다. 시청 앞에 천막을 치고 농성하며 극렬하게 나를 힘들게 했던 사람도 이제는 같은 정치적 방향의 길을 걷고 있다. 나는 이런 험한 가시밭길을 걸어 나와 다시 나아가고 있다. 더 단단하게, 더 투명하게, 그리고 더 완숙하게.

"세상은 일시적으로 거짓이 이긴 듯 보여도,
끝내 진실 앞에 무릎 꿇는다."
– 마하트마 간디

4.

호수공원 복층주차장 및 초록광장 – 도심의 미래를 밝히다

진실은 광장에서 자란다
허위와 왜곡이 그림자처럼 드리워져도
시간은 결국 진실의 얼굴을 드러낸다
시민의 공간, 미래의 희망은
거짓보다 오래, 더 깊게 뿌리내린다

도시는 사람을 품는 공간이어야 한다. 그 공간이 어떻게 구성되는가는 곧 시민의 삶의 질을 결정짓는다. 나는 그런 문제의식 속에서 예천지구 초록광장 조성사업을 기획했다. 이 사업은 단순히 공원을 만드는 일이 아니었다. 포화상태에 이른 호수공원을 확장하여 시민들에게 열린 녹지 공간을 제공하고, 도심의 만성적인 주차난을 해소하며, 복합기능을 담은 공공 인프라를 구축해 도시 기능을 회복시키는 서산의 미래를 위한 종합적 도시재생 전략이었다.

초록광장 부지는 약 11,609.5㎡, 총 연면적은 14,026.31㎡에 이른다. 이곳에 옥상정원(잔디광장)과 다목적 실내공간, 복층 공영

주차장 등을 함께 배치하여 도심의 숨통을 틔우는 복합공간으로 설계했다. 도심이라는 땅 위에 쉼과 녹지와 문화와 주차가 함께 어우러지는 지속 가능한 공간을 구현하고자 했던 것이다.

소모적 반대와 반복되는 왜곡

초록광장 사업은 도로개설, 공원조성 등과 같이 서산시민들의 정주여건 개선과 삶의 질을 높이기 위한 공공사업이다. 하지만 시작부터 시의회 안팎에서 일부 시의원들이 지속적으로 반대 의견을 제기했고, 같은 사안을 반복적으로 문제 삼으며 5분 발언이 이어지기도 했다. 행정사무감사 과정에서도 과도한 자료 요구와 반복 질문이 누적되면서 시정의 정상적 추진이 지연되는 장면도 있었다.

일부 시민단체에서는 반대 현수막을 거리에 게시하고, 호수공원 원형광장에서는 피켓 시위와 반대 서명운동을 장기간 진행했다. 시청 정문 앞 출근길 피켓시위도 2025년 11월 25일까지 간헐적으로 이어졌다. 온라인 공간에서도 비난성 글과 댓글이 반복되며 소모적 반대와 반복되는 왜곡을 이어왔다. 과거 어떤 공공사업에서도 보기 힘든 수준의 지속적인 반대가 조직적으로 전개됐다는 인상을 지울 수 없었다.

절차와 사실의 검증, 그리고 사법적 결론

2023년 6월 7일, 한 시의원이 초록광장 사업이 지방재정법을 위반했고 허위 용역이라는 취지의 공문과 자료를 중앙부처 및 유관기관, 언론사 등에 발송한 일이 있었다. 그러나 이는 의회 차원의 공식 논의나 의결을 거친 입장이 아니라 개인 의견으로 확인되었고, 이후 문서 명의가 정리되는 과정까지 이어지며 의회 자체도 대외 신뢰에 타격을 입었다.

이후 반대 측 일부는 2023년 6월 9일 감사원에 공익감사청구를 제기했고, 7월 11일에는 행정안전부에 지방재정투자심사 승인 불가 요청을 제출했으며, 8월에는 충남도 감사위원회에 주민감사를 청구했다. 그러나 그 과정에서 제기된 주장들은 감사 · 심사 절차에서 각하 또는 기각 처분을 받았다. 결과적으로 호수공원 '복층주차장·초록광장 사업'이 제3의 기관을 통해서도 문제없음이 확인된 셈이었다.

하지만 소모적 반대는 다른 형태로 이어졌다. 2025년 8월 25일, 일부 인사들은 서산경찰서에 현직 시장인 나를 포함해 당시 전·현직 담당 공무원 및 용역사 관계자 등 총 6명을 공직선거법 위반, 직무유기, 위계에 의한 공무집행방해 등의 혐의로 고소했다. 동시에 대전지방법원 서산지원에는 공사중지 가처분 신청과 주민소송이 제기됐다. 착공 자체를 원천 차단하려는 목적에서 가능한 법적 수단이 총동원된 상황이었다.

법원에서는 2025년 9월 2일 1차 심의가 있었고, 그 결과 서산시가 승소(2025년 9월 16일)했다. 경찰 수사 또한 2025년 12월 8일 모두 무혐의로 종결되었다. 이후 항고가 이어졌으나 대전고법은 2025년 11월 18일 이를 기각했다. 결국 '복층주차장·초록광장 사업'은 행정적·사법적으로도 문제가 없다는 점이 확인된 것이다.

그럼에도 반대는 계속됐다. 호수공원 광장에서는 1일 릴레이 단식이라는 방식으로 서명을 유도하는 움직임이 이어졌고, "2026년 6월 치러지는 선거 때까지 계속하겠다"는 취지의 발언까지 공공연히 들려왔다. 행정의 타당성과 별개로 갈등이 정치적 시간표와 결합해 버린 대목이었다.

시는 2025년 9월 22일 착공식을 계획해 초청장 발송과 홍보까지 진행했으나, 당시 과격한 충돌 가능성이 예고되면서 시민 안전을 최우선으로 판단해 착공식 없이 사업을 추진할 수밖에 없었다. 의식을 치르는 행정이 아니라, 시민이 안전한 도시를 만드는 행정이 먼저였기 때문이다.

도서관 프레임과 말 바꾸기, 모순의 반복

반대 측은 초록광장 사업을 비판하면서 동시에 (가칭)서산중앙도서관 건립이 2022년 10월 착공식만 남겨둔 상태였는데 내가 일방적으로 무산시켰다는 주장을 펼쳤다. 그러나 이 주장은 사실관계와 다르다. 해당 도서관 사업은 2021년 행정안전부 지방재정투자심사 1단계를 조건부로 통과했을 뿐, 실시설계 완료 후 2단계 심사를 받아야 하는 상황이었다.

2022년 6월 9일 실시설계용역 중간보고회를 개최하는 등 절차는 진행 중이었으나, 지방재정투자심사 2단계 심사, 공용건축물 건축협의, 조달청 원가검토, 지방건설기술위원회 심의 등 잔여 행정절차가 겹겹이 남아 있어 "착공 직전", "모든 절차 완료"라는 표현은 과장된 주장에 가깝다. 더구나 지방재정투자심사 2단계 심사를 통과하지 못했다면 착공 시기는 더 요원했을 뿐만 아니라 착공 자체가 불투명했을 것이다.

규모와 운영 부담도 함께 보아야 한다. 당시 도서관 계획은 연면적 약 7,000㎡ 규모였고 주차공간은 36면이 승인된 상태였으며, 이 주차장마저도 유료 운영으로 계획되어 있었다. 도서관은 건물만 지으면 끝나지 않는다. 인건비, 장서 구입, 유지관리, 공공요금 등 매년 지속적인 재정부담이 뒤따른다.

반면 초록광장 사업은 옥상정원과 다목적 실내공간 그리고 430면 복층 주차장까지 포함하는 복합시설이다. 전체 사업비 480억 원 중 실질적 공사비는 260억 원 수준이며(토지비 189억 원은 시 소유, 도 지원 100억 원), 규모와 기능, 비용 대비 효과 측면에서 더 합리적인 대안이라고 판단했다.

그런데도 "도서관 91억 반납"이라는 프레임이 확산되며 서산시에 103억 원 손해를 입혔다는 주장까지 나왔다. 그러나 실제 반납액은 27억 8천 6백만 원, 실집행액은 11억 8천 1백만 원이었다. 초록광장을 "유료 주차장만 짓는 사업"처럼 단순화하는 왜곡도 반복됐다. 하지만 초록광장은 주차장만이 아니라 시민의 일상과 도시의 호흡을 회복시키는 도시재생의 플랫폼이다.

처음에는 도서관이 시민 뜻의 '절대다수'라고 했던 주장이 시간이 흐르며 '복합커뮤니티센터'로 명칭을 바꾸기도 했고, 도서관 위에 광장을 만들겠다는 식의 구상까지 나왔다. 초록광장을 "땡볕광장"이라 비난하면서도, 자신들이 말하는 광장은 기후변화에도 대응하는 유용한 잔디광장이라고 말하는 억지주장도 있었다. 도서관 유지비에 대해서는 침묵하면서 초록광장의 관리비만 문제 삼는 선택적 비판 역시 반복되었다. 정책 대안이라기보다 정치적 목적에 기대어 '반대를 위한 반대'로 흐르는 순간들이었다.

정당 명의 현수막이 일반 현수막보다 제거가 어렵다는 제도적 틈을 악용한 듯한 사례도 있었다. 이완섭 시장이 국가기관을 속여 승인 받았다는 내용의 거리 현수막이 지역 곳곳에 걸렸고, 공적 사업을 둘러싼 논쟁이 사실의 테두리를 넘어 인격과 명예를 겨누는 방식으로 흐르는 장면은 도시의 품격을 갉아먹는 일이었다.

중앙도서관 전면 재검토를 결심하게 된 이유, 그리고 대안

그렇다면 왜 나는 전임 시정에서 추진하던 가칭 서산중앙도서관 건립 사업을 전면 재검토할 수밖에 없었을까. 나는 처음부터 그 사업을 부정하거나 덮어버릴 생각은 없었다. 이미 진척된 행정이라면 그 흐름을 존중하는 것이 공직자로서 바른 자세라고 여겼다. 취임 직후 관계 부서로부터 추진상황을 상세히 보고받고 "어차피 할 사업이라면 속도감 있게 밀고 가자"고 독려하기도 했으며, 정식 네이밍 작업도 지시했다.

하지만 시간이 흐를수록 입지에 대한 우려가 확산되었다. '중앙호수공원과 상업·유흥시설, 음식점, 상가 등이 밀집한 도심 한복판에 도서관을 두는 것이 적절한가?', '주변에 학원이나 독서실이 하나도 없는 것만 봐도 입지가 맞지 않다는 것을 모르냐?'라는 시민의 목소리가 커졌고, 주차공간 36면으로 늘어나는 수요를 감당할 수 있겠느냐는 현실적 문제도 명확해졌다. 도서관은 고요와 집중을 필요로 하고 공원은 개방과 활기를 동반한다. 기능 충돌이 예고되는 장소에 370억 원을 투입해 지상 4층 규모로 도서관을 짓는 설계는 시민에게도 도시에게도 쉽게 납득되기 어려웠다.

또한, 매몰비용을 이유로 해당 입지에 도서관을 건립할 경우, 주차장 부족과 교통 혼잡, 보행환경 악화 등으로 시민 불편이 반복되는 악순환을 초래할 우려가 있으며, 독서환경이 열악한 곳에 운영비 등으로 매년 20여억 원이 소요되는 애물단지로 전락할 가능성이 높다고 판단했다.

건축·공간 구성도 충분히 미래를 담아내지 못했다. 디자인은 단순 박스형에 가까웠고, 내부 동선의 유기성, 개방감, 디지털 콘텐츠의 확장성 측면에서 한계가 보였다. 열람공간 외 AR·VR·MR 등 실감미디어 영역에 치우친 구성은 AI 시대가 요구하는 지식 플랫폼으로는 부족하다는 판단이 들었다.

무엇보다 행정안전부 지방재정투자심사 2단계를 받지 않은 상태에서 막대한 예산이 본격 투입되기 직전이라는 점을 나는 무겁게 받아들였다. 결국 더 큰 비용이 들어가기 전에 재검토하는 것이 시민과 도시를 위한 바른 길이라고 판단했다. 다만 재검토는 멈춤이 아니라 대안 제시를 위한 재검토여야 했다.

그래서 도서관 담당자에게 해외 우수 도서관 사례를 벤치마킹하고, 현실적이면서도 창의적인 확장안을 마련하라고 지시했다. 그 과정에서 기존 시립도서관 부지 위에 입체적으로 확장하는 '북 피라미드'(특허출원등록 2023.9.4)와 같은 독창적 개념도 제안되었다. 나는 서산시의회에 설명한 후 호수공원 옆 임시주차장 부지의 중앙도서관 계획은 보류하고 그 부지는 복층주차장과 초록광장으로 대체하기로 결정했다. 이 판단은 단순한 시설의 위치 변경이 아니라, 서산 도시 구조의 미래를 재설계하는 과정이라고 보았다. 공간은 한 번 잘못 배치되면 도시의 흐름을 막지만, 올바른 선택은 시민의 삶을 연다.

그 대신 도서관은 현 서산시립도서관을 확장·재탄생시키는 방향으로 추진하기로 했다. 이미 관련 부서에 본격적인 검토를 지시했고, 2026년 안에는 시민께 큰 그림을 제시하고 의견을 묻는 과정을 거쳐 본격 추진할 계획이다. 단순한 증축이나 보수 수준이 아니라, AI 시대에 걸맞은 미래지향적 지식 플랫폼이자 랜드마크형 공공건축물로 도서관을 다시 세우려는 구상이다.

특히 이 확장 도서관은 서산시청 신청사와 함께 구도심을 다시 숨 쉬게 하는 또 하나의 핵심 축이 될 것이다. 앞으로 신청사는 행정의 중심이 되고, 그 앞 광장은 시민 소통의 무대가 되며, 확장된 시립도서관은 배움과 문화, 창의적 상상력을 키우는 도시의 심장 역할을 하게 된다. 그 모든 것을 감싸 안듯 서 있는 부춘산이 도시의 숨결이 되어 준다면, 부춘산-신청사-확장 시립도서관, 이 세 축이 조화를 이루는 서산의 '트로이카 도시구조'가 완성될 것이다. 나는 광장에서 시민이 웃고, 도서관에서 아이들이 미래를 꿈꾸고, 행정이 그 곁에서 책임 있게 시민과 마주 서 있는 도시를 자주 마음속으로 그려본다. 자연과 문화와 행정이 따로 놀지 않고 하나의 호흡으로 살아 움직이는 도시, 그곳이 서산의 내일이어야 한다고 믿는다.

북피라미드도서관 구상(안) 전경

한편 서산의 도서관 인프라는 충남 15개 시·군 기준 상위권에 속하고, 장서 수로는 1위다. 11개의 공영도서관, 37개의 사설도서관, 1개의 이동도서관이 있으며, 스마트도서관과 아파트 단지 작은도서관까지 고려하면 당시 수요 대비 인프라가 절대적으로 낮은 수준은 아니었다. 그럼에도 무리하게 밀어붙였던 이유가 무엇인지에 대해 시민사회가 합리적 의심을 갖는 지점이 생겼던 것도 사실이다.

공공기관도 이제는 유연해야 한다. 굳이 과거의 행정에 매달려 미생지신(尾生之信)처럼 다리 기둥을 붙잡고 물살에 휩쓸릴 이유는 없다. 나는 초록광장 사업과 도서관 대안사업, 그리고 시청사·종합예술회관 등 서산의 주요 인프라 계획들을 하나의 테이블 위에 올려놓고 우선순위와 균형, 재정의 지속 가능성을 종합적으로 판단하고 있다. 지금의 결정 하나하나가 10년, 50년, 100년 뒤 도시의 풍경을 바꾸는 설계라는 점에 주안점을 두고 있다.

정치가 아닌 행정으로, 정당성이 입증된 사업

초록광장 사업은 감사원 공익감사, 충청남도 감사위원회 감사, 행정안전부 지방재정투자심사, 법원 판단 등 행정 및 법적 검증의 문턱을 통과했다. 공사중지 가처분 절차까지 겪으며 다

방면으로 검증된 사업이었다. 의회와 시민을 대상으로 설명회, 언론 브리핑 등 공감대 형성 노력도 이어졌다. 그럼에도 "공청회와 토론회를 거치지 않았으니 불통"이라는 비판이 반복되었다. 그러나 혐오시설이 아닌 시민 편익시설까지 같은 잣대로 '발목 잡기'의 대상으로 삼는다면, 그것은 소통의 요구가 아니라 도시의 시간표를 멈추는 정치가 되기 쉽다.

도시는 멈추지 않는다. 과거에 매달리는 정치가 아니라 미래를 준비하는 행정이 도시를 변화시킨다. 초록광장은 단순한 공간이 아니다. 도시의 기능을 회복시키고, 시민의 삶을 품으며, 서산의 내일을 열어갈 마중물이다. 어떤 파도에도 흔들리지 않고 시민과 함께 묵묵히 걸어가야 할 길이다.

"바람은 나무를 흔들지만,
뿌리 깊은 나무는 꺾이지 않는다."

5.

200년 만의 폭우가 남긴 상처 – 비의 시작과 끝, 그리고 연대로 이어진 회복의 기록

비는 밤을 접어
시간 위에 쏟아졌다.
경보는 울렸고
도시는 숨을 고르지 못한 채 깨어났다.
그러나 물이 지나간 자리마다
사람의 발자국이 먼저 남았다.
무너진 것은 다시 세웠고
흩어진 하루는 서로의 손으로 묶었다

비가 재난이 되던 밤

2025년 7월 16일부터 17일 새벽까지 서산에는 기상학적으로 '200년 빈도'에 해당하는 극한 집중호우가 쏟아졌다.

7월 16일 하루 동안 438.9mm, 이틀 누적 519.3mm의 강수량이 기록됐고, 최대 시간당 강수량은 114.9mm에 이르렀다.

기상청도 이례적이라 평가할 만큼, 비는 짧은 시간에 집중돼 도시의 감당 범위를 넘어섰다.

7월 16일 07시 16분 호우예비특보가 발령됐고, 12시 00분 호우주의보, 17시 00분에는 호우경보로 격상됐다. 그러나 경보 이후에도 강우는 멈추지 않았고, 7월 17일 0시부터 2시 사이 폭우는 정점을 찍으며 서산 전역의 하천 수위를 급격히 끌어올렸다.

경보는 울렸고, 도시는 재난 체계로 전환됐다

그날 새벽 서산시는 00시부터 04시 30분 사이 10회 이상의 재난문자를 발송했다. 경찰과 소방을 포함한 전체 경보는 약 20건에 달했다. 이 시점부터 서산시는 일상 행정이 아닌, 재난 대응 체제로 전환됐다.

새벽 4시, 대응의 축이 맞물리다

7월 17일 04시 10분경, 행정안전부 김광용 재난안전본부장과 통화가 이뤄졌다. 나는 집중호우 상황을 설명했고, 김 본부장은 대응에 만전을 기할 것과 필요 시 소방 협조를 요청하라는 취지로 당부했다.

통화 직후 읍면동장 단체 소통망에 위험지역 대피방송을 지시했고, 이어 긴급한 곳은 소방 협조를 요청하라는 메시지를 전달했다. 또한, 04시10분 지대본에서는 호우 피해예방 및 즉각적인 대처를 위해 비상근무를 한단계 격상하여 3단계에 준한 전 직원 비상대기 명령을 발령하였다.

04시 25분 시청 도착 후에는 안전총괄과에서 홍순광 부시장, 이기영 자치행정국장, 최신득 환경녹지국장, 오세중 시정팀장, 유동호 안전정책팀장, 이희정 재난관리팀장, 이종무 주무관 등이 참석한 가운데 상황판단회의를 주재했다.

그 결과 시야 확보 등 현장 대응이 가능한 여건을 고려하여 05시 40분을 기해 전 직원 비상동원 명령이 발령됐다.

현장으로 나가다
– 물은 점이 아니라 면으로 번졌다

05시 20분 이후 주기훈 수행비서와 함께 현장 점검에 나섰다.

2022년 침수 피해가 컸던 부춘동을 시작으로, 금번 강우가 가장 집중된 운산면으로 이동했다. '소풍애견카페' 인근 침수 상황을 확인하고, 용장1리 마을회관 인근에서 고립된 어르신을 안전한 곳으로 대피시킨 뒤 갈산천 범람 상황을 점검했다.

06시 34분, 차량에서 단체 대화방에 "갈산천도 범람했다"고 상황을 공유했다.

이후 성연천, 일람리 교차로 토사 유출, 사연동로 도로 유실 현장을 확인하고 안민수 면장에게 통제와 응급조치를 지시했다. 음암면을 거쳐 잠홍저수지 수위를 확인했고, 범람 위험이 없음을 점검한 뒤 수석동으로 이동했다.

7월 17일 03시 59분경, 석남동 남원교 인근에서 차량 침수 사고 신고가 접수됐다.

경찰과 소방의 공동 대응이 즉시 이뤄졌고, 구조 보트가 단계적으로 투입됐다.

사고와 구조, 통제의 전 과정은 재난상황일지와 관계기관 기록에 시각 단위로 남아 있다.

비가 멎은 뒤, 복구는 사람의 손으로 시작됐다

비가 잦아든 뒤에도 재난은 끝나지 않았다.

7월 17일부터 서산시는 복구 국면으로 전환했고, 공무원과 군부대, 자원봉사자들이 함께 현장 정리에 나섰다.

서산시자원봉사센터(이사장 한도현, 센터장 이경구)는 침수 주택과 상가 정리, 토사 제거, 가재도구 세척·반출, 임시 대피시설 지원을 총괄 조정했다. 자율방범대, 의용소방대, 자율방재단, 민간 봉사단체들도 자연스럽게 협력 체계에 합류했다. 복구의 중심에는 늘 사람이 있었다.

날짜로 남은 복구의 장면들

7월 18일, 침수 주택을 중심으로 가재도구 반출과 세척 작업이 본격화됐다. 고령자 가구와 단독 세대가 우선 지원 대상이 됐다.

7월 19~20일, 농경지와 농로 복구가 병행됐다. 토사로 막힌 배수로 정비, 비닐하우스 주변 잔해 제거가 이어졌고, 장비는 행정이, 세부 작업은 자원봉사가 맡는 역할 분담형 복구가 이뤄졌다.

집중호우로 인한 침수가정지원
(사)서산시자원봉사센터
도배전문봉사단 합동 봉사
"함께하는 운산의 힘! 사랑모아 희망모아!"
운산면 기관사회단체 수해복구 환경
2025. 7. 31. (목) / 원평천 하류 (고풍리 310-1번지) 일원
집중호우로 인한 침수가정
도배전문봉사단 합
주관 : (사)서산시자원봉사센터
일시 : 2025. 8. 2.
HD현대오일뱅크
호우 피해 지역 침수 농업기계 수리 현장 지원

7월 21일, 중앙정부 조사와 맞물려 복구 체계가 재정비됐다. 자원봉사센터는 중복 투입을 줄이고 교대형 봉사 체계를 운영하며 장기 복구에 대비했다.

7월 22일 이후, 복구는 '정리'에서 '생활 회복' 단계로 옮겨갔다. 침수 상가의 영업 재개를 돕는 청소와 집기 정리, 마을회관과 임시 대피시설 환경 정비가 이어졌다.

도시 밖에서 건너온 손길 – 전국의 연대

복구의 시간에는 도시의 경계가 없었다.

2025년 8월 6일, 안산시 이민근 시장을 비롯해 안산시 공무원, 통장단, 체육회, 서산향우회 등 100여 명이 해미면 홍천리를 찾았다. 이들은 침수 피해를 입은 딸기 비닐하우스 농가에서 토사와 잔해를 제거하고, 하우스 내부를 정리하는 봉사활동을 펼쳤다.

이후 안산시 공직자 104명은 고향사랑기부금 1,040만 원을 모아 서산시 피해 복구를 지원했다. 현장 봉사와 재정 지원이 함께 이어진 사례였다.

물품과 성금 – 회복을 앞당긴 보이지 않는 힘

폭우 피해 복구를 위한 물품과 성금 기탁도 전국 각지에서 이어졌다.

2025년 7월 말, (재)극동방송(이사장 김장환 목사)은 약 1억 원 상당의 구호 물품을 서산시에 기탁했으며, 앞서 약 1,600만 원 상당의 물품도 추가로 전달했다. 이 물품들은 피해 가구와 취약계층에 신속히 배부됐다.

또한, 서울 강남구(구청장 조성명)는 성금 600만 원을 기탁하고 자원봉사자 30여 명을 파견해 팔봉면 일대 복구 활동을 지원했다. 국민연금공단, 새마을회, 군부대, 경찰 등도 각자의 방식으로 현장 복구에 힘을 보탰다. 서산교육지원청(교육장 성기동)은 호우 피해 학생 가정에 긴급 생계지원금을 전달하며 교육 현장의 공백을 메웠다.

서산시에는 현물 약 3억 8천여만 원, 현금 약 3억 4천여만 원 등 총 7억 2천여만 원 규모의 성금과 물품이 접수됐다. 일부 성금은 공동모금회를 통해 피해 가구에 전달됐고, 생필품과 전기 안전 점검, 복지시설 지원 등으로 이어졌다.

LG생활건강 수해지역 생필품 긴급지원
해뜨는 서산
온정의 손길
감사합니다
도약하는 서산, 살맛나는 서산
하나은행 서산지점
500만원 상당
집중호우 피해복구 성금 기탁
금 2,000,000 원
서산시토목직공무원친목회
수도시 수해복구지원
200만원
성금 기탁
현대트랜시스(주)
물품 기탁 (금1억원 상당)
3600만원 상당
물품 및 성금 기탁
수해복구지원 물품기탁
1,000만원 상당
1,500만원
금강유역본부
서산공지사 / 보령공지사
금 3,000,000 원
수해지역 후원물품
전달식
금 2,000,000 원
함께해요
서산태안 영웅시대
임영웅
400만원 상당
물품 기탁

온정의 손길
감사합니다
서산시 집중호우 피해지원
성금 및 구호물품 지원
(5,000,000원 상당)
한국가스안전공사
충남본부
금 1,000,000원
집중호우피해 수재민을 위한 물품 기탁
삼계탕 3,000인분
(2,300만원 상당)
주식회사 그린
㈜ K T
해뜨는 서산
5,000,000원
(충남 서산시)
100만원 상당
성금 기탁
어려운 이웃 돕기 성금기탁
금 30,000,000 원
군청 직원여러분의
한 마음 감사합니다
호우피해지역
이웃돕기 성금 전달
금 10,000,000원
의성군
집중호우 피해복구 성금 기탁
금 2,000,000원
금 일천만원 상당
베니키아호텔 서산
충청지회 명인전
한국예술문화명인
도약하는 서산, 살맛나는 서산
특별재난지역 서산시
재해복구 재정지원금
83,000,000원
서산시 수해민 여러분 힘내세요
3천만원 상당
호우 피해복구 성금기탁
금 5,000,000 원
금 1,000,000 원
HD현대오일뱅크
금100,000,000원(금일억원)

특별재난지역, 회복의 행정이 작동하다

7월 21일 행정안전부 박정운 조사반장을 비롯한 조사반이 서산을 방문해 피해 조사를 실시했다.

7월 26일에는 행정안전부 김광용 재난안전본부장이 도당천 제방유실 현장을 방문하여 신속한 복구독려와 함께 정부차원의 적극적인 지원을 약속했다.

주택·상가 침수 800건, 농경지 침수 5,637ha, 이재민 22명, 일시 대피자 227명 등 피해 규모는 특별재난지역 선포 기준을 충족했고, 이후 특별재난지역으로 선포되며 복구와 지원을 위한 제도적 기반이 본격 가동됐다.

기록을 남기는 이유

이 글은 책임을 묻기 위한 기록이 아니다.

2025년 7월 17일, 서산에서 무엇이 언제 어떻게 이루어졌는지를 시간과 조치, 그리고 연대의 이름으로 남기기 위한 기록이다.

재난은 다시 올 수 있다. 그러나 기록이 남은 도시는 같은 아픔을 반복하지 않는다.

그날 비는 많은 것을 무너뜨렸지만, 분명한 사실 하나를 남겼다.

행정의 대응 위에 시민과 전국의 연대가 더해질 때, 도시는 다시 일어설 수 있다는 사실이다.

비는 그쳤고, 사람은 남았다.

그 손길들이 모여 서산은 다시 일상으로 돌아가고 있다.

"재난은 자연이 시작하지만, 회복은 사람이 완성한다."

4

유비무환,
쉼표가 있는 일상

1.

위험물질 실시간 공유 – 보이지 않는 위험을 먼저 본다

위험은 늘 먼저 움직이고 있었다
보이지 않는 속도로
도시의 결을 스쳐 가며
연기보다 빠른 것은 정보였고
폭발보다 안전한 것은 판단이었다
서산시는
사고가 난 뒤에 설명하는 도시가 아니라
오기 전에 준비하는 도시를 선택했다

위험물질은 가만히 있지 않는다. 대산 산업단지를 오가는 위험물 운송차량들은 하루에도 수차례 서산의 관문과 주요 교차로를 지난다. 그러나 오랫동안 행정은 사고가 발생한 뒤에야 무엇을 실었는지, 어디를 지나왔는지를 확인하는 구조에 머물러 있었다. 이러한 상황에서 사고 이후의 대응이 아니라, 사고 이전의 인지(認知)로 바꾸는 일이 필요했다.

2022년 9월 1일 오후 1시 30분, 서산시청 상황실에서 주목할 일이 진행되었다. 이날 서산시는 한국교통안전공단(TS)과 위험물질 운송차량 정보 공유를 위한 업무협약을 체결했다. 지자체와 공단이 위험물질 운송 정보를 실시간으로 공유하는 협약은 공단 기준으로도 처음 있는 시도였다.

협약식에는 교통안전 정책을 총괄하는 김보현 교통안전본부장(상임이사)을 비롯해 가득현 대전세종충남본부장, 최병호 안전관리처장, 권학유 교통물류정책처장, 박철용 교통물류정책처 과장이 참석했다. 이 협약은 지역 차원을 넘어 국가 스마트 물류·안전 정책으로 확장될 가능성을 공유했다. 참석자들의 면면은 이 자리가 형식이 아닌 책임의 약속임을 보여주고 있었다. 이 협약은 국토교통부 스마트시티 챌린지 사업을 추진하는 과정에서 제기된 문제의식에서 출발했다. 대산 산업단지를 진·출입하는 위험물질 운송차량에 대한 정보가 행정과 시민 누구에게도 공유되지 않는 구조를 바꾸자는 요구였다.

이에 서산시는 공단이 보유한 위험물질 운송차량 관리 정보를 도시안전통합센터로 실시간 제공하는 시스템을 구축했다.

위험물질 운송차량이 대산지역 주요 교차로를 통과하면 차량번호, 적재 물질의 종류와 적재 여부 등 핵심 정보가 즉시 공유된다. 서산시는 이 정보를 재난·119·교통·사건사고 정보와 연계해 상시 모니터링하고, 사고 발생 시 조치 결과와 피해 상황, 수습 과정까지 함께 공유한다. 보고를 기다리는 행정이 아니라,

같은 화면을 보며 동시에 판단하는 행정으로의 전환이었다.

2022년 9월, 시스템은 시범운영에 들어갔다. 보이지 않던 위험은 좌표와 시간, 데이터로 읽히기 시작했고, 도시는 한 발 먼저 움직일 수 있게 되었다. 이 협약은 하나의 시스템을 도입한 사건이 아니었다. 사고가 나면 대응하는 도시에서, 사고가 오기 전에 준비하는 도시로. 정보를 쥐는 기관에서, 정보를 공유하는 도시로 나아간 선택이었다. 위험물질 실시간 공유는 기술의 문제가 아니라, 시민의 안전을 대하는 도시 철학의 선언이었다.

2022년 9월 1일의 그 협약식은 행정 일정표 속 한 줄이 아니라, 서산이 선택한 도시 안전의 분기점으로 남아 있다.

"미리 준비한 재앙은 이미 절반이 사라진 것이다."

2.

대용량포 방사시스템 – 재난을 멈추는 강력한 물줄기

불은 도시의 가장 깊은 두려움이고
물은 도시가 의지할 마지막 희망이다.
눈에 보이지 않는 위험이 바람을 타고 흐를 때,
도시는 스스로를 지킬 방법을 찾아야 한다.
그래서 나는 물을 불보다 멀리 보내는 기술,
불을 잠재울 힘을 이 땅에 데려오는 일을
도시의 사명처럼 받아들였다.

시작은 조용했으나, 결심은 단단했다. 대산석유화학단지는 충청권 산업의 심장이었고, 동시에 언제든 대형 화재와 폭발로 이어질 수 있는 잠재 위험을 안고 있었다. 유류탱크 화재는 단순한 사고가 아니라, 국가 기간산업 전체를 멈추게 할 수 있는 재난이다.

2022년 12월, 정부는 대형 유류탱크 화재와 국가 중요시설 사고에 대비하기 위한 대용량포 방사시스템 구축 정부사업의 서산시 유치를 최종 확정했다. 이 사업은 단순한 장비 도입이 아니라, 수원(水源)으로부터 최대 2.5km, 방사거리 최대 110m까지 물을 분사해 초대형 화재를 원거리에서 제압할 수 있는 국가급 방재 인프라였다.

나는 이 순간을 분명히 기억한다. "이 시설은 반드시 서산에 있어야 한다." 그 판단은 직감이 아니라, 책임이었다. 유치는 혼자의 힘으로 되는 일이 아니었다. 서산시 공직자들의 집요한 준비, 충청남도의 광역적 재난 대응 논리, 그리고 지역구 국회의원 성일종 의원의 정책적·정무적 지원이 맞물리며 하나의 방향으로 수렴됐다. 이 사업은 특정 개인의 성과가 아니라, 여러 손이 함께 쌓아 올린 공공의 결실이었다. 사업의 전제 조건은 부지 제공이었다. 서산시는 대산읍 대로리 89-14번지 일원을 사업 부지로 확정했고, 2023년 7월, 해당 부지를 매입한 뒤 소방청에 무상사용(2028년까지)을 허가했다. 이후 2028년 이후에는 소방청 매입을 전제로 한 합리적 구조를 설계했다. 이는 단기 행정이 아니라, 장기 국가 방재체계를 염두에 둔 선택이었다.

시설 규모 또한 현실과 책임을 반영했다. 청사는 연면적 약 2,200㎡, 지상 2층 규모로 조성되며, 1층은 차고 및 창고, 2층은 사무실과 운영 공간으로 구성된다. 총사업비는 약 208억 원으로 이 가운데 국비 190억 원, 서산시 부담 18억 원(토지매입비)이 투입됐다. 숫자는 차갑지만, 그 숫자가 지키는 것은 시민의 생명과 도시의 미래였다.

행정 절차는 촘촘하게 이어졌다. 2022년 9월 정부사업 유치 계획 수립을 시작으로, 2022년 12월 유치 확정, 2023년 사업 부지 매입, 2024년 10~11월 설계 완료와 시공사 선정 및 착공, 그리고 2025년 12월 현재, 내부 마감과 부대토목(우·오수관로) 공사가 진행되며 전체 공정률은 약 85%에 이르렀다.

당초 2025년 12월 준공을 목표로 했으나, 일부 공정 지연으로 준공식은 연기되었고, 2026년 1~3월 중 사무실 이전과 함께 준공식 개최가 예정돼 있다. 행정은 늘 계획보다 늦어질 수 있지만, 안전은 결코 서두르다 놓쳐서는 안 되는 가치다.

이 시스템의 성능은 압도적이다. 대용량포 한 세트는 분당 45,000~75,000리터의 물을 방출할 수 있으며, 이는 소방펌프차 26대에서 많게는 75대가 동시에 작동하는 효과와 맞먹는다. 대구경포, 펌프차, 탱크차 등 6종 11대의 장비로 구성되며, 34명의 전문 소방 인력이 운영한다.

하천과 바다에서 직접 물을 끌어올리는 수중펌프 방식을 적용해, 장시간·무제한 진화가 가능하다. 화재뿐 아니라 대규모 침수, 배수, 산업시설 사고까지 대응할 수 있는 복합 재난 대응 시스템이다. 대산석유화학단지를 비롯한 국가 중요시설을 지키는 최전선이자, 충청권 재난 대응의 핵심 거점이 이곳에 자리 잡게 되는 이유다.

불은 강하다. 그러나 강한 불도 결국 물 앞에서는 멈춘다. 서산이 품은 이 물의 힘은 기술이 아니라 약속이다. 시민의 생명을 지키겠다는 약속, 국가 산업을 지켜내겠다는 약속, 그리고 내일의 위험 앞에서 결코 뒤로 물러서지 않겠다는 도시의 의지다. 울산, 대전, 포항 등에서 이미 실전 투입된 대용량포는 수차례 대형 화재와 침수 현장에서 그 성능을 증명해 왔다. 서산 구축이 완료되면, 충남은 물론 수도권 서부까지 아우르는 국가 방재 체계의 허브가 완성된다.

2025년의 서산, 이제 서산은 산업을 품은 도시를 넘어, 국가의 위험을 함께 짊어지는 책임의 도시가 되었다.

"안전은 비용이 아니라 투자다."
- 피터 드러커

3.

지능형 선별관제시스템 – '눈'에서 '두뇌'로 진화한 도시의 안전망

도시는 깨어 있는 생명이다.
그 눈은 수천 개의 빛으로,
그 심장은 관제실의 숨결로 뛴다.
이제 서산의 눈은 단순히 보는 것이 아니라,
'생각하는 눈'이 되었다.
어둠 속에서도, 골목의 그림자에서도,
누군가의 위험을 가장 먼저 알아차리는 도시.
그곳이 바로, 내가 꿈꾸는 서산이다.

도시는 살아 있는 생명체와 같다. 낮에는 빛으로 숨 쉬고, 밤에는 불빛으로 맥박친다. 서산시의 도시안전통합센터는 그 생명의 중심에서 도시의 '눈'이자 '두뇌'로 작동하고 있다. 과거의 CCTV가 단순히 영상을 기록하는 장치였다면, 이제 서산의 눈은 스스로 생각하고 판단하는 지능형 시스템으로 진화했다. 수천 개의 렌즈가 도시 곳곳을 비추며 시민의 하루를 지켜보지만, 그것은 감시가 아니라 보호를 위한 시선이다.

서산시는 2025년을 기점으로 충남도 내에서 최초로 인공지능 기반의 지능형 선별관제시스템을 전면 도입했다. 시 전역에 설치된 4,068대 중 3,584대(학교 484대 제외)의 CCTV 중 98%인 3,501대가 인공지능으로 작동한다. 이 시스템은 단순히 영상 정보를 모으는 데 그치지 않고, 사람의 움직임과 환경의 변화를 분석하여 상황에 맞게 판단한다. 예컨대 화면 속에서 사람이 갑자기 쓰러지면 시스템이 이를 즉시 감지하고, 골목길의 낯선 움직임이 반복되면 '배회(徘徊)'로 인식하며, 새벽의 불빛 속에서 연기가 피어오르면 화재를 의심한다. 차량이 역주행하거나 금지구역을 침범할 경우에는 관제요원에게 즉시 경고를 보낸다.

과거에는 관제요원들이 수십 개의 화면을 동시에 지켜보며 한시도 긴장을 놓을 수 없었다. 그러나 이제 인공지능이 스스로 이상 징후를 선별해 내면서 요원들은 보다 집중적으로 대응할 수 있게 되었다. '골든타임(黃金時間)'을 확보하는 일이 가능해졌고, 실제로 한밤중에 골목에서 한 노인이 쓰러졌을 때 시스템이 단 5초 만에 관제실로 알림을 전송해 119가 즉시 출동한 사례도 있었다. 그날의 빠른 대응이 한 생명을 구했고, 시민의 안전에 대한 신뢰는 더욱 깊어졌다.

지능형 선별관제시스템은 기술적 혁신을 넘어 행정 철학의 변화를 의미한다. 인공지능은 차갑지만, 그 차가움 속에서 생명을 지키는 따뜻함이 있다. 기계가 감시의 역할을 맡고, 사람은 그 정보를 바탕으로 판단하고 대응하는 구조가 정착되었다. 기술은 보조 수단이 아니라 '사람을 위한 도구'로 작동하고 있으며, 서산의 안전은 행정이 아닌 '공감의 철학' 위에서 완성되고 있다.

서산시 도시안전통합센터는 단순한 관제시설이 아니라 도시의 두뇌로서 기능한다. 관제실의 모니터를 통해 골목길, 공원,

주택가, 학교 주변까지 모든 영역이 하나의 실시간 네트워크로 연결되어 있다. 24시간 365일, 도시는 잠들지 않는다. 이 체계는 특히 고령화 사회 속에서 독거노인의 응급상황을 빠르게 감지하고, 심야시간대 여성의 안전을 확보하며, 청소년의 귀가길을 지켜주는 역할까지 수행하고 있다. 인공지능은 낙상(落傷) 감지, 배회 분석, 이상행동 탐지 등 다양한 상황을 예측하고 대응한다.

서산시는 여기에 머물지 않고 도시 전역의 안전망을 더 넓히고 있다. 1단계로는 CCTV를 통한 데이터 수집과 인공지능 분석 고도화를 추진하고, 2단계로는 경찰과 소방 등 유관기관과 실시간 연계체계를 구축하며, 장기적으로는 사물인터넷(IoT), 스마트가로등, 긴급신고 시스템을 통합한 도시 안전 플랫폼을 완성할 계획이다. 이는 단순한 기술 발전이 아니라, 도시 전체가 '학습하는 안전 생태계'로 진화하는 과정이다.

서산의 지능형 선별관제시스템은 단순히 범죄를 예방하거나 사고를 감시하는 장치가 아니다. 그것은 기술과 사람, 행정과 시민이 함께 만들어낸 새로운 도시 철학의 결과물이다. 냉철한 기계가 인간의 생명을 구하고, 무표정한 화면이 따뜻한 마음을 전한다. 결국 도시의 안전은 시스템이 아니라 사람으로 완성된다.

서산의 지능형 선별관제시스템은 인간을 대신하는 기술이 아니라 인간을 지켜주는 기술이다. 보이지 않는 곳에서, 아무도 모르는 순간에 누군가의 하루를 지키는 서산의 이 시스템은 준비된 도시가 만들어낸 '우연 같은 필연'이며, '안전이란 준비된 우연'이라는 에디슨의 말처럼 서산이 미리 준비한 내일의 표준이 되고 있다.

이제 서산의 안전은 단순히 제복이 아닌 세심함에서 비롯된다. 거리의 눈이 깨어 있고, 그 눈은 두렵지 않으며 따뜻하다. 불빛은 밤을 가르고 신호는 시간을 알려주며, 시민의 일상은 그 위에서 안정을 찾는다. 서산의 안전은 거대한 구조물이 아니라 사람의 발자국 하나하나를 살피는 행정의 섬세함 속에서 완성된다. 도시의 눈이 아닌 마음으로 시민을 지켜보는 그 체계, 그것이 바로 서산이 꿈꾸는 진정한 스마트 안전도시의 모습이다.

"기술은 차갑지만,
그 끝은 따뜻해야 한다."

4.

전국 최초, 페달 오조작 방지 장치의 시작 – 고령운전자 안전판

발끝에서 세상은 갈라진다
멈춤과 질주의 경계에서
한 순간의 착오가
삶과 삶 사이에 벼랑을 만든다

사고는 정말 우연인가
아니면 우리가 미뤄 온
결정의 다른 이름인가

오늘의 실수를
제도라는 손으로 붙잡을 때
도시는 내일을 안전하게 건너간다

발끝에서 시작된 작은 착오가 한 사람의 인생과 한 도시의 안전을 뒤흔드는 시대다. 고령 운전자 증가와 함께 '페달 오조작(誤操作)' 사고는 더 이상 개인의 부주의로만 설명할 수 없는 사회적 과제가 되었다. 나는 이 문제를 도로 위의 우연이 아니라 행정이 선제적으로 개입해야 할 예방의 영역으로 보았다.

서산시는 2025년 8월 18일, 서산종합운동장에서 전국 지방자치단체 최초로 지자체 예산을 투입해 65세 이상 생계형 고령 운전자 차량에 페달 오조작 방지 장치를 무상 설치하는 시범사업을 시행했다. 이 사업은 선언이 아니라 실행으로 출발했다.

시범 설치 대상은 20명이었다. 구성은 트럭 11대, 택시 9대. 단순한 숫자가 아니라, 생계를 책임지고 매일 도로 위에 서는 분들이라는 점에서 상징성이 컸다. 대당 설치비는 44만 원, 총사업비는 880만 원이었다. 비용보다 중요한 것은 사고 한 건을 줄일 수 있는 가능성이었다.

사업은 서산경찰서와 한국교통안전공단(TS) 대전충남본부 등 관계기관과의 협업으로 추진됐다. 대상자는 서산경찰서 추천을 통해 선정했고, 설치 이후에는 현장에서 시범 운행을 진행하며 실제 작동 상황을 점검했다. 행정은 늘 책상 위가 아니라 현장에서 완성되어야 한다는 원칙을 지켰다.

페달 오조작 방지 장치는 운전자가 브레이크 대신 가속페달을 잘못 밟았을 때 발생할 수 있는 급가속 위험을 제어해 사고 가능성을 낮추는 장치다. 특정 제품의 우수성을 말하기보다,

나는 이 장치를 사고를 '막는 기술'이 아니라 '실수를 용인하지 않는 사회의 장치'로 정의하고 싶다.

시범사업 이후 현장의 반응은 분명했다. 이에 서산시는 2025년 9월 12일, 베니키아 호텔에서 열린 '교통안전 비전제로(Vision Zero) 범국민추진단' 대전·충남지역 발대식과 연계해 페달 오조작 방지 장치 추가 지원을 위한 업무협약을 체결했다. 이 자리에는 나를 비롯해, 성일종 국회의원, 엄정희 국토교통부 교통물류실장 등 200여 명이 참석했다. 시범사업의 성과를 바탕으로 추가 80명 지원 제안도 공식화되었다.

그리고 그 후속조치로 2025년 12월 17일, 서산종합운동장에서 서산경찰서, 서산시, 한국교통안전공단, 손해보험협회가 함께 65세 이상 노인 운전자 80명을 선정해 두 번째로 페달 오조작 방지 장치를 부착했다.

국가는 장기적으로 2029년부터 신차에 페달 오조작 방지 기능을 단계적으로 적용할 계획을 밝히고 있다. 그러나 나는 기다리는 정책보다 앞서 가는 행정을 택했다. 사고는 미래의 계획이 아니라 오늘의 선택에서 줄어들기 때문이다.

서산의 이 시도는 규모로 말하지 않는다. 한 번의 실수를 구조적으로 막아내는 행정, 그 자체로 도시의 품격을 증명한다. 오늘을 단단히 붙잡을 때, 내일의 안전은 자연스럽게 따라온다.

"안전은 우연이 아니라
선택의 결과다."

- 노인교통사고 예방을 위한 안전운전의 시작 -
페달 오조작 방지 장치 부착
서산경찰서
서산시
TS 한국교통안전공단

5.

잠홍저수지와 풍전저수지 – 물이 머무는 도시, 사람이 쉬는 공간

물은 낮은 곳으로 흘러가며 세상을 품고,
그 품 안에서 도시는 다시 태어난다.
저수지는 더 이상 농업의 그릇이 아니다.
이제는 생명과 쉼,
그리고 사람을 담는 도시의 호수다.
햇살이 물결에 부서질 때
이 물이 머무는 곳마다
서산의 내일이 맑아지리라.

잠홍저수지의 이야기는 나의 행정 철학이 가장 깊게 깃든 장면 중 하나다. 민선6기 공약사업으로 시작된 이 사업은 '저수지를 단순한 농업용수 공간에서 생태복원의 거점으로 바꾸겠다'는 약속에서 출발했다. 당시 잠홍저수지는 수질등급 5급수, 오염이 심각한 상태였다. 나는 이를 3급수 이상으로 끌어올리기 위해 저수지 내부에 수질정화시설을 설치하고 2만㎥ 규모의 생태습지공원을 조성하는 계획을 세웠다. 이 습지는 단순한 정화시설이 아니라 비점오염 저감과 시민 생태교육이 함께 이루어지는 '살아 있는 환경교실'로 설계했다.

2020년 환경부 중점관리저수지로 지정되면서 총 198억 원(국비 99억, 용역비 15억)의 예산을 확보했고, 이 예산은 수질개선 사업 97억 원, 친수공간조성 사업 86억 원을 투입해 종합적인 수질환경 개선을 추진하고 있다. 나는 이 종합적 접근을 통해 잠홍저수지를 단순한 농업시설이 아닌 도심 속 생태호수로 탈바꿈시키고자 했다. 저수지 주변에는 데크길과 광장을 만들어 시민이 물과 가까이 호흡할 수 있도록 설계했다. 물가를 걷는 발자국마다 서산의 행정은 사람의 삶에 닿아 있었다.

풍전저수지는 민선8기 공약사업으로 시작한 나의 약속 실천이다. 이곳은 단순한 수변 정비를 넘어 '걷고 머무는 저수지', 즉 시민이 직접 체험하는 친환경 휴식공간으로 재구성되었다. 나는 풍전저수지를 시민 모두가 자연을 느끼며 치유받는 공간으로 만들고 싶었다.

그 핵심이 바로 둘레길 조성사업이었다. 산책로와 휴게시설을 체계적으로 배치하고, 남녀노소 누구나 편안하게 이용할 수 있도록 무장애(Barrier-Free) 설계를 적용했다.

시민들이 사계절의 풍경을 걸으며 일상의 피로를 내려놓고 자연의 품에 안길 수 있도록 세심히 디자인했다. 이후 풍전저수지는 2025년 11월 16일(일) 300여 명의 시민이 참석한 가운데 개장식을 가졌다.

풍전저수지는 이제 '저수지'가 아니라 서산의 대표 힐링 명소로 변모하고 있다. 시민들은 걷다가 벤치에 앉아 바람을 마시며 하루의 쉼을 얻는다. 나는 그 풍경 속에서 행정의 진짜 목적이 무엇인지 다시금 확인한다. 도시가 사람에게 쉼을 돌려주는 일, 그것이 행정의 본질이라는 것을.

잠홍과 풍전, 두 저수지는 시기의 차이는 있지만 하나의 철학에서 비롯되었다. 자연과 사람이 공존하는 도시, 그리고 환경이 복지로 이어지는 행정. 민선6기에서 나는 '물의 가치를 되살리는 행정'을 시작했고, 민선8기에서 그 약속을 '시민의 삶과 여가로 확장'시켰다.

잠홍은 1차 사업으로 데크길 조성을 이뤄냈고, 이어 민선8기에서 2단계로 물의 정화를 통해 생명을 살리는 사업이 추진 중이다. 풍전은 5.4km 둘레길 조성을 통해 또 하나의 사랑받이 명소를 탄생시켰다.

두 저수지는 이를 통해 '생태와 휴식이 공존하는 도시'로 거듭난 것이다. 도시의 품격은 건물의 높이가 아니라, 물이 얼마나 맑은가, 사람이 얼마나 편안한가로 결정된다. 잠홍의 물결이 맑아지고, 풍전의 오솔길 위로 웃음이 번지는 그날, 서산은 진정한 의미의 '살아 있는 도시'가 되어 있을 것이다.

"물은 도시의 기억을 품고 흐른다.
그 물이 맑아지는 날, 사람의 마음도 맑아진다."

6.

서산 한우목장길
– 10년 만에 열린 초원의 길

초원의 바람이 불어온다.
끝없이 펼쳐진 초지 위로
소들의 숨결이 구름처럼 흘러가고,
그 위를 걷는 사람들의 발자국엔
도시의 피로가 내려앉는다.
멀리 가야만 볼 수 있을 줄 알았던 풍경,
이제 서산에서도 만날 수 있다.
'한국의 알프스'라 불린 그 순간부터
나는 이곳이 단순한 목장이 아니라
서산의 자존심이 되리라 확신했다.

서산 한우목장길의 개방은 나에게도, 시민에게도 긴 숙원을 풀어낸 값진 결과물이었다. 이 길은 2013년부터 이어져 온 오랜 과제였고, 민선8기 공약을 통해 마침내 결실을 보았다. 오랫동안 방역상의 필요로 닫혀 있던 이 목장은 2024년 12월 시민에게 열렸고, 그 순간 서산의 초원은 비로소 사람들의 품으로 돌아왔다. 탁 트인 2.1km 산책로 위로 불어오는 바람, 목장 절경을 따라 놓인 데크길, 정상부 전망대는 개장 6개월 만에 이곳을 '한국의 알프스'란 별칭으로 전국에 알렸다.

총사업비 56억 원을 투입해 조성한 목장길은 단지 길이 아니라 '품격 있는 초원 문화공간'이었다. 차량 112대를 수용하는 주차장, 깔끔한 화장실과 휴게시설, 안전한 보행로까지 세심하게 갖췄다. 하지만 나는 이 길의 진정한 기반은 '신뢰'라고 보았다. 수많은 가축이 지내는 현장에 사람들의 발길을 허락한다는 것은 쉽지 않은 결정이었다. 그래서 우리는 방역을 정책의 최심부에 놓았다. 개인 및 차량 소독시설, 전용 세척장비, 출입통제 시스템 등 모든 장비를 갖춰 가축전염병 위험을 원천적으로 차단했다. 자연과 사람, 그리고 축산 안전이 조화롭게 공존하는 공간, 그것이 서산 한우목장길의 본질이었다.

이 목장은 농림축산식품부 소유 부지로, 여전히 일부 제약이 따른다. 그러나 나는 이 제약을 협력과 설득으로 풀어가고

자 한다. 서산시는 관계기관과 긴밀히 협의하며 접근성 개선, 체류 프로그램 확대 등 한계를 뛰어넘는 다양한 방안을 검토하고 있다. 단순히 지나쳐보는 풍경이 아니라, 머물고 소비하고 즐기는 체류형 관광지로 키우는 것이 나의 목표이기 때문이다. 이를 위해 목장길 인근에는 '한우특화거리' 조성을 병행하고 있다. 카페, 한우 전문식당, 농특산물 판매공간이 조화를 이루는, 초원 속의 문화·미식 거리로 성장시키는 구상이다. 또한 가족 단위 방문객을 위한 드라이브 코스, 한우 테마 콘텐츠, 자연·문화 자원과 연계한 체험형 관광프로그램 등을 준비하며 지역 경제와 관광산업의 선순환 구조를 설계하고 있다. 서산의 정체성을 자연과 생명, 그리고 사람 중심의 가치로 확장해 가는 여정이기도 하다.

한우박물관 설계비 2억 원 확보
- 초원을 넘어 '문화'로 확장된 꿈

2025년 12월 2일, 국회에서 서산 한우박물관 설계비 2억 원이 반영되었다. 이 소식은 목장길을 단순한 명소로 머물게 하지 않고, 관광객의 발걸음을 머물게 할 새로운 문화적 거점이 열린다는 의미였다. 초원 위를 걷던 경험이 '서산 한우의 역사·생태·문화를 배우는 여정'으로 확장되는 순간이었다. 이 예산을 확보하기까지 결코 순탄하지만은 않았다. 시 내부에서는 신현우 기획예산담당관, 임원빈 국도비전략팀장, 서정섭·유용성 주무관이 국회와 농림축산식품부를 수차례 오가며 절차와 논리를 다듬었다. 제도권 바깥에서는 서산 출신이자 기획재정부 고위직을 지낸 한승희 교수께서 든든한 조력자가 되어 주셨다.

나 역시 필요한 행정적·정무적 통로를 열기 위해 기획재정부 구윤철 부총리, 유병서 예산실장, 조용범 예산총관심의관, 박창환 경제예산심의관에게 문자메시지로 다음과 같이 짤막하지만 진정성 있게 협조 요청했다.

"한우 역사박물관 건립사업(연구용역 2억 원)**은 대한민국 한우산업의 중심지**(서산한우목장 한우개량사업소/전국 씨수소 정액의 98% 보급)**에 한우의 역사와 정체성 보존·홍보·교육을 위한 공간을 조성하는 사업입니다. 사실상 국내에는 한우와 관련된 역사 문화적 가치를 보존하고 계승하는 공간이 없는 만큼 국가적으로 한우산업의 가치를 재조명하고 세계화하기 위해 필요한 사업입니다. 기본계획 수립을 위해 용역비 2억 원을 요청드리오니 지원을 부탁드립니다."**

이와 함께 2025년 11월 17일에는 국회를 직접 찾아 민주당 복기왕·황명선 의원, 국민의힘 장동혁 대표와 송언석 원내대표, 강승규·박수영 의원을 만나 설계비 반영의 당위성을 설명하고 협조를 요청했다. 이러한 다양한 노력 위에, 마지막 순간 결정적인 역할을 해준 이는 지역구 국회의원 성일종 의원이었다. 예산

심의의 최종 고비에서 그는 서산의 미래비전과 필요성을 강하게 피력하며 예산 반영을 이끌어 냈다.

설계비 반영은 곧 서산 한우목장길이 자연을 넘어 문화와 교육, 관광의 거점으로 확장되는 첫걸음이다. 초원의 길 위에서만 머물렀던 서산의 매력이 하나의 '배움의 공간'으로 구축되는 것이다.

나는 지금도 고민하고 있다. 한우목장길이 어떻게 하면 대한민국 관광객이라면 누구나 "한 번쯤 꼭 가봐야 할 곳"이 될 수 있을까. 초원의 바람은 이미 길을 열었다. 그 길 위에 어떤 이야기를 더 얹을 것인가는 앞으로의 행정이 해내야 할 몫이다.

"길은 만들면 사라지지만, 의미는 남는다.
서산 한우목장길은
자연과 인간이 함께 걸은 발자국의 기록이다."

7.

가야산 산림복지단지 – 자연과 사람이 공존하는 100년의 약속

산은 말을 하지 않지만,
그 침묵 속에는 오래된 지혜가 깃들어 있다.
바람이 나뭇잎을 스칠 때마다
사람의 마음도 흔들리고,
그 흔들림이 결국 삶을 치유한다.
자연을 지키는 일은 사람을 살리는 일이며,
산을 열면 도시가 숨 쉬고,
숲을 품으면 세대가 이어진다.

가야산 산림복지단지 조성사업은 단순한 관광 개발이 아니라 서산의 미래 100년을 내다본 장기적 비전의 결실이다. 이 사업은 2016년, 민선6기 시절 '가야산 생애주기별 산림휴양복지단지'라는 이름으로 첫걸음을 내디뎠다. 8년이라는 긴 준비 기간 동안 나는 수많은 타당성 검토와 환경영향평가, 주민 의견 수렴을 거치며 한 가지 원칙을 지켜왔다. "개발이 아니라 공존이어야 한다." 가야산은 백제의 명산이자 내포 지역의 정신적 상징이다. 하지만 그 숲의 가치를 온전히 살릴 수 있는 체계적 인프라가 부족했다. 나는 이 산의 본래 생태를 훼손하지 않으면서, 모든 세대가 함께 휴식과 치유를 경험할 수 있는 산림복지의 터전으로 만들고자 했다.

그 결심이 구체적인 현실로 이어진 것은 2024년 10월 18일이었다. 운산면 신창리 산15-2번지 일원 111.5ha 부지에 총 301억 원을 투입하는 대규모 프로젝트가 본격 착수된 것이다. 사업은 두 단계로 나뉘어 추진되고 있다. 1차 사업(2026년까지)은 통합관리센터, 산림휴양관, 숲속의 집, 수목원, 치유의 숲을 조성하는 단계이며, 2차 사업(2027년 말까지)은 숲속야영장, 유아숲체험원, 산림레포츠단지, 산림교육센터를 완공하는 것을 목표로 하고 있다. 이 같은 단계별 접근은 단순한 시공의 순서가 아니라, 환경보전과 지역경제의 균형을 고려한 지속 가능한 행정 전략이었다.

가야산 산림복지단지는 완공 후 연간 13만 4천 명의 방문객이 찾을 것으로 예상되며, 789억 원의 지역경제 파급효과와 417명의 일자리 창출이 기대된다. 그러나 나는 이 수치보다 더 중요한 가치를 안다. 그것은 바로 "숲을 통해 삶의 질을 높이는 도시"라는 철학이다. 이 사업의 핵심은 '생애주기별 산림복지 서비스'다. 즉, 유아부터 청소년, 중장년층, 그리고 노년에 이르기까지 모든 세대가 숲속에서 건강하고 행복한 삶을 누릴 수 있도록 돕는 것이다. 이는 고령사회로 접어든 우리 시대의 요구에 부응하는 복지이자, 인간 중심의 환경 행정이기도 하다.

나는 이 단지를 단순한 휴양지가 아니라, 지속 가능한 발전의 상징으로 만들고자 한다. 가야산의 자연을 훼손하지 않고 보전하면서도, 그 안에서 사람과 지역이 함께 성장하는 새로운 모델을 제시하고 싶었다. 무분별한 개발 대신 자연친화적 접근을 통해 환경을 지키면서 지역경제를 살리는 길, 바로 그것이 서산이 선택한 미래의 방향이었다. 이 사업은 또한 서산이 농업 중심 도시에서 관광·힐링 중심 도시로 전환하는 교두보이기도 하다. 충남 서해안 관광벨트와 연계된 접근성을 통해 수도권에서도 손쉽게 닿을 수 있는 거리, 그 지리적 이점은 서산을 대한민국 대표 산림복지 도시로 이끌 것이다.

가야산의 숲길을 걷는 사람들은 단지 나무를 보는 것이 아니라, 자연 속에서 마음을 돌보고 삶을 치유하는 시간을 얻게 될 것이다.

가야산 산림복지단지는 서산시민은 물론 전 국민이 자연 속에서 쉼과 회복을 경험할 수 있는 공간으로 태어날 것이다. 그곳에서 아이는 생태의 가치를 배우고, 청년은 삶의 방향을 찾으며, 노인은 자연의 품에서 평화를 얻는다. 자연이 사람을 품고, 사람의 손이 다시 자연을 보듬는 그 선순환 – 그것이 바로 내가 꿈꾸는 서산의 미래다.

"숲을 가꾸는 일은 나무를 심는 일이 아니라,
사람의 마음을 키우는 일이다."

8.

부춘산 옥녀봉에 쏟은 사랑

부춘산의 어깨 위로
도시는 숨을 고르고,
옥녀봉 마루에 이르면
하루의 피로가 물처럼 내려앉는다.
어둠이 내리던 산길엔 이제
빛과 눈(眼)과 손(手)이 함께 서 있고,
발목을 잡던 흙길은
발걸음을 품어 주는 황톳길이 되었다.

옥녀봉 정상에 숨을 고를 수 있는 곳, 음수대

민선 8기, 나는 부춘산 옥녀봉을 '그냥 지나치는 산'이 아니라 '머물고 싶은 산, 안전한 산'으로 바꾸고자 했다.

옥녀봉은 해발 187.6m, 서산시청 뒤에서 도시를 감싸안고 서 있는 서산의 진산이다. 풍수지리에서는 선녀가 거문고를 타는 형국, 이른바 '옥녀탄금형(玉女彈琴形)'으로 불리며 오래전부터

영산으로 추앙받아 왔다.

민선 8기 들어 등산객의 가장 큰 요구는 "정상 부근에 마실 물 한 모금 있었으면 좋겠다"는 것이었다.

그래서 2025년 1월, 옥녀봉 등산로 정상 부근에 음수대를 설치했다.

이 음수대는 옥녀봉 코스 가운데에서도 통행이 가장 많은 지점에 자리 잡고 있다. 급경사 구간을 올라온 시민들이 숨을 고르며, 한 모금 시원한 물로 땀을 식힐 수 있도록 배치했다. 동절기에는 동파를 방지하기 위해 잠시 운영을 멈추고, 해빙기 이후 본격 가동하는 방식으로 관리 체계를 잡았다.

이제 옥녀봉 정상부근은 단순히 "정상을 찍고 내려오는 곳"이 아니라, 물 한 모금 나누며 서로의 안부를 묻는 작은 교차로가 되었다. 음수대 하나가 산의 표정을, 등산 문화의 분위기를 바꾸어 놓은 셈이다.

셉테드(犯罪豫防環境設計)로 더 안전해진 밤의 부춘산

부춘산은 도심과 맞닿아 있어 아침·저녁 산책 코스로 시민들이 끊임없이 찾는 곳이다. 그러나 한편으로는 "저녁만 되면 너무 어둡다", "여성이나 어르신이 혼자 걷기엔 불안하다"는 의견이 꾸준히 들어왔다.

그래서 민선 8기에는 셉테드(CPTED, 범죄예방 환경설계 · 犯罪豫防環境設計) 개념을 도입해 부춘산 등산로를 본격적으로 손보기 시작했다. 2024년 11월, 충남도가 주관한 범죄예방 디자인 공모에 선정되었고, 2025년에는 약 5억 9천만 원의 사업비를 투입해 본격적인 정비사업을 추진했다.

이 사업의 핵심은 세 가지였다.

첫째, 스마트폴 설치다.

부춘산 등산로 4개 지점에 지능형 선별관제 CCTV 기능을 갖춘 스마트폴을 세웠다.

단순한 CCTV가 아니라, 지능형 영상분석 기능을 갖춘 CCTV, 비상벨, LED 스크린, 경관조명 기능이 통합된 다기능 시설이다. 도시안전통합센터와 연계해 이상 상황이 감지되면 실시간으로 모니터링하고, 비상벨이 눌리면 곧바로 대응할 수 있도록 설계했다.

둘째, 야간 조도(照度) 개선을 위한 경관조명 설치다.

특히 부춘산을 대표하는 코스인 황톳길 구간에 경관조명을 집중 보강했다. 이전에는 발밑이 잘 보이지 않아 겨울철 이른 저녁 시간대에는 넘어질 위험이 컸지만, 이제는 은은한 조명이 발걸음을 따라와 준다.

셋째, 전망 데크와 연계된 안전한 휴식 공간 조성이다.

조망이 탁 트이는 지점마다 전망 데크를 설치해, 등산객이 서서 사진만 찍고 바로 내려가는 것이 아니라, 잠시 앉아 쉴 수 있도록 했다. 이 전망 데크 주변에도 셉테드 개념을 반영해 조명과 CCTV, 안내 시설을 함께 배치했다.

야간 경관조명과 전망데크, 그리고 넉넉해진 황톳길

민선 8기의 부춘산·옥녀봉 변화는 "안전"에서 한 걸음 더 나아가 "머물고 싶은 경관"을 만드는 작업이기도 했다.

우선 야간 경관조명이다.

스마트폴과 셉테드 조명 외에도, 2025년 10월에는 별도의 예산 5천만 원을 들여 서광사에서 부춘산 정상에 이르는 구간에 보안등 10개를 추가로 설치했다. 겨울철 해가 짧아지는 시기에도 시민들이 안심하고 오를 수 있는 야간 산책로를 만드는 데 큰 역할을 했다.

이제 서광사에서 옥녀봉으로 이어지는 길은, 해 질 녘 서산 시가지를 내려다보는 조망과 함께 발밑을 지켜주는 빛이 동시에 따라오는 길이 되었다.

또 하나 중요한 변화가 전망데크 조성이다.

부춘산 전망데크는 단순한 나무 구조물이 아니라, 산세와 조화를 이루며 서산 시가지와 호수공원, 멀리 가야산 능선까지 한눈에 조망할 수 있도록 디자인되어 있다.

나는 이 전망데크를 통해 "부춘산을 오르는 이유"를 하나 더 만들고 싶었다. 단순한 운동이 아니라, 도시의 얼굴을 내려다 보며 서산의 오늘과 내일을 함께 생각해 보는 공간 말이다.

마지막으로 황톳길의 확장과 정비다.

부춘산 황톳길은 오래전부터 시민들의 '맨발 산책 코스'로 사랑받아 왔지만, 일부 구간은 폭이 좁고 배수가 원활하지 않아 비가 오면 질퍽해지고, 마주 오는 사람과 비켜서기도 불편했다.

민선 8기에는 셉테드 사업과 연계해 황톳길 노면을 재정비하고, 구간별로 폭을 보완하며, 배수로를 손봐 예전보다 훨씬 넉넉하고 안전한 보행 공간으로 정비했다.

그 위에 경관조명이 더해지면서, 낮에는 맨발 산책로, 밤에는 부드러운 빛이 흐르는 황톳길로 변모했다. 그리고 황톳길 중간 지점에는 추운 겨울을 대비해 바람막이 쉼터가 되도록 했다.

이제 부춘산 옥녀봉은 "시청 뒤 언덕"이 아니라, "도시의 품격을 보여주는 명품 여가공간"으로 자리 잡아 가고 있다.

나는 이 변화를 통해, 도시의 뒷모습을 가꾸는 일이야말로 도시 행정의 진짜 품격을 드러내는 일이라는 것을 다시 한번 절감하게 된다.

"도시를 바꾸는 일은 거대한 건물을 올리는 데 있지 않다.
사람이 다시 찾는 길을 만드는 데 있다."

– 윌리엄 화이트(William H. Whyte), 도시공간 연구가 –

5

모두의 품, 곁을 보듬는 온기

1.

서산의 품격,
보훈과 시니어 복지

잊힌 이름들이
한 송이 들꽃처럼 되살아나고,
묻힌 이야기들이
봄빛처럼 되돌아오는 날.
그날의 서산은 조용히 울었다.
돌에 새기지 못했던 역사를 마음에 새기며,
우리는 다시 다짐한다.
"기억하는 일은 곧 되갚는 일이다."

예우에는 예산을 아끼지 않다

보훈(報勳)은 과거를 기리는 일이 아니라, 오늘을 바로 세우는 일이다. 서산시는 '보훈문화가 곧 서산의 위상'이라는 철학 아래, 보훈정책을 시정의 핵심 가치로 삼았다. 보훈대상자 한 분 한 분의 헌신이 존중받아야 서산의 품격도 함께 높아진다.

나는 “예우에는 예산을 아끼지 않겠다”라는 단호한 결정 아래 민선8기 공약으로 보훈 수당을 대폭 인상했다. 2022년 이후, 참전명예수당은 25만 원에서 50만 원으로 두 배 인상되었고, 참전유공자 배우자 복지수당과 보훈명예수당은 각각 10만 원에서 23만 원으로 130% 인상되었다. 2026년 1월부터는 25만 원으로 이 또한 150% 인상이 완료된다. 이로써, 민선8기 공약사항 ‘국가유공자 보훈 수당 인상’을 시민 여러분께 드린 약속보다 훨씬 상회한 성과로 이행했다. 이는 단순한 수치의 변화가 아니라, 보훈대상자의 삶의 질과 존엄을 지키기 위한 의지의 표현이다.

그 결과, 서산시는 2025년 국가보훈부가 선정한 ‘참전유공자 예우 우수기관’으로 이름을 올렸다. 이는 보훈정책이 단순한 ‘행정의 결과’가 아니라 ‘존중과 예우의 성과’로 인정받은 것이다.

묻힌 역사, 잊힌 이름을 되찾다

또 하나의 특별한 이정표는 2025년 5월 14일, 전국 최초로 독립기념관과 업무협약을 체결한 것이다. 이 협약은 지역에 숨은 독립운동가를 발굴하고, 그 정신을 되살리는 역사적 약속이었다. 협력 결과, 서산지역의 숨은 독립운동가 40명을 발굴하는 결실을 얻었다. 묻혀 있던 이름들이 역사 속으로 돌아왔고, 그들의 공적은 이제 '서산의 정신'으로 기록되었다.

이 모든 성과 뒤에는 여섯 명의 헌신이 있었다. 독립운동가자료발굴TF의 정옥재 팀장, 김건실·김도희·김현진·이형대 연구원, 그리고 미래발전TF의 고명재 연구원. 그들은 연구자이

자 기록자이며, 때로는 탐험가처럼 발자취를 좇고, 때로는 시인처럼 잊힌 이야기를 복원했다. 그 여섯 사람의 이름은 단순한 명단이 아니라, "기억의 등불을 다시 밝힌 사람들"의 이름이다. 그들이 없었다면 서산의 독립운동사는 여전히 미완의 이야기로 남았을 것이다.

2025년 11월 3일 오후 3시, 시청 집무실에서 이들에 대한 표창식을 열었다. 2025년 5월 전국 최초로 독립기념관과 맺은 업무협약의 결실을 대외적으로 알리는 순간이기도 했다. 서산의 보훈은 단지 수당의 인상에 머물지 않는다. 그것은 희생을 기리고, 정신을 이어가며, 도시의 품격을 세워가는 인문 행정의 결정체다. 보훈은 과거의 일이 아니라 미래의 양심을 세우는 일이다. 그 길 위에서 서산은 오늘도 '기억으로부터 피어나는 도시'가 되어가고 있다.

시니어 카페 '가재미38'
– 인생의 두 번째 봄

아침 햇살이 성연면을 비추면, 고요한 시골길 끝에서 은은한 커피 향이 흘러나온다. 그곳이 바로 '카페 가재미38'이다. 서산시는 2024년 4월 충남도 노인일자리통합지원센터 공모사업에 선정되어 1998년 폐교된 옛 일광분교 교실 두 칸을 리모델링해 이 시니어 카페를 조성하여 2025년 3월 문을 열었다. 도로

명주소인 '성연면 가재미길 38'을 그대로 이름으로 삼았다. 이곳에서 일하는 분들은 모두 70세 안팎의 시니어 바리스타들이다. 10여 명의 어르신들은 체계적인 교육을 통해 자격증을 취득하고, 오전 9시부터 오후 6시까지 직접 커피를 내리며 매장 관리를 맡고 있다. "화장하고 갈 곳이 있다는 게 얼마나 행복한지 몰라요."라는 어르신의 말처럼, 일은 단순한 생계 수단을 넘어 삶의 활력과 존재의 이유가 되고 있다.

'가재미38'은 인근 마을 주민들과 관광객들까지 찾는 고남리 마을의 새로운 명소가 되었다. 이 사업은 단순한 일자리 제공을 넘어 활동하는 노년(活動老年)이라는 새로운 복지 모델을 보여준다. 서산시는 시니어클럽을 중심으로 지역 상공인회와 협약을 맺어 민간 협력형 일자리를 확대하는 등, 더 많은 어르신들이 사회 속으로 다시 걸어 나올 수 있도록 돕고 있다. 폐교는 다시 살아났고, 마을에는 웃음이 돌아왔다. 인생의 아름다움은 나이의 숫자가 아니라, 여전히 배우고, 일하고, 웃을 수 있는 마음의 온도(心溫)에 달려 있다.

"인생에는 두 번째 봄이 있다." 노년의 봄은 커피 향처럼 은은하고 깊다. 서산의 시니어 카페에서 그 봄은 이미 시작되고 있었다. 늙음이 아니라 '다시 피어남'의 이름으로, 그들의 잔은 오늘도 천천히, 그러나 확실히 채워지고 있었다.

"기억은 흔적이 아니라,
다시 피어나는 약속이다.
도시는 그 약속을 지킬 때
비로소 품격을 얻는다."

2.

모두가 건강한 생활,
지역 보건 시스템 강화

햇살은 동쪽에서 돋아,
몸과 마음의 안부를 묻는다.
치료의 길을 넘어,
이젠 예방의 길 위에 선다.
숨결마다 건강이 피어나고,
걸음마다 생명이 자란다.
동부의 들녘에 심은 작은 씨앗 하나,
그것이 바로 서산의 미래였다.

동부건강생활지원센터 탄생

서산시는 건강의 패러다임을 '치료 중심'에서 '예방 중심'으로 혁신적으로 전환하고 있다. 이는 급속한 고령화와 만성질환 증가에 선제적으로 대응하기 위한 도시의 생존 전략이다. "지혜로운 도시는 잃기 전에 건강을 준비한다."

2024년 9월 30일, 서산 동쪽 들녘에 '동부건강생활지원센터'

가 문을 열었다. 현재의 동문1동 청사 바로 옆이다. 이 센터의 개소는 서산시 보건의료 체계의 혁신적 변화의 신호탄이었다. 이곳은 '아프기 전에 건강을 관리하는 도시'로의 실천 무대이며, 의사보다 시민이 주인공이 되어 일상 속에서 건강을 배우고 실천하는 곳이다.

센터에는 재활, 치매, 금연, 영양, 만성질환 관리 등 여섯 개 분야의 전문 프로그램이 체계적으로 운영된다. 만성질환을 조기에 발견하고, 치매 예방 교육을 통해 노년층의 삶의 질을 높이는 데 집중한다. 무엇보다 센터의 개소는 서산 동부권 주민들이 시내 중심의 보건소까지 멀리 찾아가야 했던 불편을 해소했다. 이는 단순한 의료 편의를 넘어 지역 간 건강 불평등 해소와 균형발전의 실질적 성과이며, 100세 시대의 건강한 노화를 위한 든든한 동반자가 되고 있다.

스포츠 복지 실현

서산시는 시민 모두가 건강한 삶을 영위하고 생활지역 내에서 스포츠를 즐길 수 있도록 생활체육시설 확충 사업을 체계적으로 추진해 왔다. 이는 모든 세대와 계층이 차별 없이 스포츠를 향유하는 진정한 스포츠 복지(體育福祉)의 실현이다.

• 포용의 상징, 장애인국민체육센터

서산 체육 행정의 첫 페이지는 장애인국민체육센터로 시작된다. 2023년 문화체육관광부 공모사업에 선정되어 국비 30억 원을 확보했고, 총사업비 177억 원을 투입하여 성연면에 현대적 체육시설로 조성 중이다(2028년 6월 준공 목표). 이 시설은 장애인이 불편 없이 체육을 즐기는 무장벽(無障壁) 환경을 제공하며, 복지와 건강의 가치를 함께 품는 "모두의 운동장"이 될 것이다.

• 버려진 땅의 부활, 양대동 스포츠테마파크

환경 재생과 체육 인프라 구축을 동시에 이룬 사례로 양대동 스포츠테마파크가 있다. 2007년 사용이 종료된 폐기물매립장 부지 9만 795㎡가 총사업비 78억 원의 투자로 3단계에 걸쳐 종합 야외체육시설로 탈바꿈했다. 축구장 2면, 풋살장 3면, 우드볼장 등을 갖춘 이 공간은 재생의 철학이 스포츠로 이어진 서산의 상징이다.

• 하늘을 향한 도전, 서산클라이밍장

도전은 인간의 본능이다. 서산시는 시민들의 새로운 스포츠 수요를 반영하여 갈산동 157-10번지 게이트볼장 바로 옆쪽에 서산클라이밍장을 조성했다. 총사업비 32억 원, 높이 18m 규모의 인공암벽장을 건설하는 이 사업은 2025년 5월 착공, 2025년 12월 29일 준공·개장식을 가졌다. 이는 단순한 시설이 아니라, 젊은 세대에게는 도전의 무대, 중장년층에게는 건강의 쉼터가 되는 세대공감형 체육공간이다. 서산의 하늘 아래, 도전하는 시민들의 실루엣이 도시의 미래를 상징한다.

• 권역별 생활체육시설, 삶 가까이 스며드는 운동장

서산시는 체육 인프라를 도심에만 머물게 하지 않았다. 권역별 맞춤형 생활체육시설을 확충하여 도시와 농촌의 격차를 줄이고 있다. 성연면 야외체육시설(축구장·농구장·풋살장 등)은 2025년 11월 24일 개장했고, 팔봉면 국민체육센터(다목적 체육관), 지곡면 복합 야외체육시설, 고북면 복합문화체육센터 등이 추진중에 있어 모든 시민이 거주지 인근에서 편리하게 체육활동을 즐길 수 있게 되었다.

• 세대를 잇는 파크골프장 네트워크

고령화 사회에 선제적으로 대응하기 위해 파크골프장 확충사업을 본격적으로 추진 중이다. 총사업비 146억 원이 투입되며, 현재 운영 중인 양대동 18홀, 운산면 파크골프장 9홀 확장과 함께 지곡면, 대산읍, 해미면에 각 18홀 규모의 3개의 신규 골프장을 추가 조성하여 총 5개 권역형 네트워크를 완성할 계획이다. 파크골프는 격렬하지 않으면서도 적절한 운동량을 제공하는 노인친화형 스포츠로, 세대 간 교류와 지역 공동체의 결속을 강화하는 생활문화 공간으로 기능할 것이다.

결국 이 모든 사업의 본질은 하나로 귀결된다. '100세 시대에 부합하는 활기차고 건강한 도시, 서산'을 만드는 일이다. 파크골프장은 단지 운동장이 아니라, 세대가 만나고 웃음을 나누는 삶의 광장이며, 고령자의 건강과 젊은 세대의 배려가 함께 어우러지는 포용 도시의 상징이다. 서산은 이제 말한다. "이곳에서는 나이와 세대의 경계가 없다. 공이 구르고 웃음이 피는 곳, 그곳이 바로 서산의 새로운 운동장이다." 어느 노(老) 골퍼의 말처럼, 서산의 파크골프장은 세대를 잇는 가장 따뜻한 운동장이다.

서산시 여름 터
휴게실

서산시 클라이밍장

3.

서산종합운동장 하우스 트랙

<겨울을 덮고 길을 연 비닐하우스 터널>

차가운 바람이 트랙을 비울 수 없도록
비닐 지붕을 올려 운동장을 덮었다.
400미터를 둥글게 감싼 투명한 터널 속에서
계절은 잠시 멈추고, 발걸음만 이어졌다.
전지훈련장은 외지가 아니라
다시 '우리 동네'가 되었다.
서산의 겨울은 그렇게
운동을 멈추는 계절이 아니게 되었다.

서산종합운동장은 연간 약 40만 명이 찾는 서산 생활체육의 중심 공간이다.

축구와 육상, 수영과 배드민턴, 탁구·테니스·스쿼시까지 한 곳에 품은 종합 체육 인프라다. 그러나 겨울이 오면 풍경은 달라졌다. 초·중·고 육상선수들은 혹한기 훈련을 위해 매년 먼

지역으로 전지훈련을 떠났고, 시민 러너들 역시 차가운 바람 앞에서 발걸음을 멈춰야 했다.

전용 실내 육상훈련장을 새로 짓기에는 막대한 예산과 시간이 필요했다. 하지만 이미 있는 400미터 트랙 위에 비닐하우스형 터널을 설치한다면 훨씬 적은 비용으로 겨울철 훈련과 러닝을 이어갈 수 있다.

해답은 거창한 신축이 아니라 기존 시설을 살리는 방식에 있었다.

서산종합운동장 비닐하우스 트랙(러너 하우스)은 2025년 12월 2일 설치를 시작해 겨울철 시즌 동안 한시적으로 운영되고 있다.

주 경기장 400미터 육상트랙 전 구간을 빙 둘러 감싸는 원형 구조로, 곡선과 직선 구간을 가리지 않고 트랙 전체를 하나의 터널로 덮었다. 내부는 여섯 개 레인을 모두 수용할 만큼 넉넉하고, 햇빛과 이용자의 체온이 더해져 체감 온도는 안정적으로 유지된다. 두꺼운 비닐 구조는 눈과 비, 겨울 바람을 효과적으로 차단한다.

운영은 단순하고 명확하다. 겨울철 동계 시즌 동안 학생 선수들의 혹한기 훈련을 우선 지원하고, 그 외 시간에는 시민 누구나 자유롭게 이용할 수 있도록 했다.

겨울 초입에 맞춘 비교적 빠른 개장은 훈련 공백을 최소화하는 데도 도움이 되었다.

설치 이후 반응은 빠르게 퍼졌다. 러너들은 말했다.

"이런 시설이 무료라고?"

SNS와 러닝 커뮤니티에는 '겨울 러닝의 성지', '이건 대박이다'라는 표현이 잇따랐다.

사진과 짧은 후기가 공유되며 서산종합운동장은 한겨울에도 달릴 수 있는 트랙으로 인식되기 시작했다. 언론 역시 눈·비·바람을 막아주는 현실적인 대안, 체감형 생활체육 환경 개선 사례로 평가했다.

겨울이면 얼어붙던 트랙은 어느새 겨울 러닝의 새로운 공간이 되었다.

이 사업의 핵심은 새로운 시설을 짓지 않았다는 데 있다.

이미 갖추어진 인프라 위에 아이디어 하나를 더했을 뿐이다.

기존 자재를 재활용해 설치·해체를 반복함으로써 예산 부담은 최소화했고, 전지훈련에 들던 비용과 이동 부담도 줄였다. 학생 선수들에게는 훈련의 연속성을, 시민들에게는 사계절 운동의 가능성을 열어주었다.

이는 단순한 편의 제공을 넘어 생활체육의 형평성을 넓힌 선택이었다.

러너하우스는 단순한 비닐 구조물이 아니다.

나는 이것을 도시가 선택한 하나의 태도라고 생각한다.

춥다는 이유로, 겨울이라는 이유로, 예산이 넉넉하지 않다는 이유로 멈출 수도 있었다.

그러나 우리는 계절의 벽을 낮추는 쪽을 택했다.

그 안을 채우는 것은 따뜻한 공기만이 아니다. 새벽과 저녁을 가르며 달리는 사람들의 의지, 오늘을 포기하지 않겠다는 다짐이 트랙 위를 함께 돈다.

비닐하우스 터널은 봄이 오면 해체될 것이다. 그러나 겨울에도 멈추지 않았던 발걸음과 그 선택의 기억은 도시 안에 오래 남을 것이다.

"천리길도 한 걸음부터,
그 한 걸음을 겨울에도 멈추지 않게 하는 것이 행정이다."

4.

다문화 포용,
경계를 넘어선 따뜻한 울타리

먼 길 떠나온 타국의 손들이
서산의 들판과 공장에 뿌리내릴 때
그 손끝엔 땀만이 아니라,
희망이 피어나고 있었다.
그들을 바라보는 도시의 눈빛이
이방(異邦)을 향한 경계가 아니라
'같이 살아가는 사람'의 눈빛이 되기 –
그 마음으로 나는 약속했고,
그 약속이 '외국인근로자 지원센터'로 피어났다.

외국인 근로자 지원센터 개소
– 서산의 포용, 다문화의 문을 열다

나는 늘 "도시는 사람으로 완성된다"라는 믿음을 품어왔다. 서산의 성장 과정 속에서 산업 현장의 한 축을 묵묵히 떠받쳐 온 이들이 있다. 바로 낯선 언어와 문화를 감수하며 일하는 외국인 근로자들이다. 그들은 서산의 산업을 지탱하는 '보이지 않는 뿌리'이며, 서산의 미래를 함께 짓는 또 다른 시민이다.

이 사업은 민선8기 시정의 뼈대를 이루는 '포용과 공존의 행정'이라는 철학 아래 추진된 핵심 공약이었다. 2023년 8월, 나는 시청 회의실에서 이 사업의 추진방향을 공식적으로 확정했다. 그때 나는 이렇게 말했다. "이제 서산은 다문화 사회로 나아가야 합니다. 이방인이 아닌 이웃으로, 그들이 머무는 도시가 아니라 함께 사는 도시로 만들어야 합니다." 그 다짐은 단순한 구호가 아니라 실천의 시작이었다.

이후 관련 조례 제정, 위탁운영체계 마련, 공간 리모델링을 거쳐 2025년 6월 30일 개소식을 갖고 7월 1일, 읍내3로 28의 서림빌딩 4층에 '서산시 외국인근로자 지원센터'가 문을 열었다. 그날의 개소식은 단순한 행정행사가 아니었다. 서산이 사람을 품는 도시로 거듭나는 '선언의 자리'였다.

센터는 외국인 근로자들의 '삶의 기초'를 함께 세워주는 공동체의 둥지다. 251㎡의 공간에 사무실, 상담실, 교육실, 휴게공간을 갖추고, 법률 상담, 노동·임금 문제 해결, 한국어·정보화 교육 등 실질적인 지원을 제공한다. 이곳은 단순한 '지원센터'를 넘어, 외국인 근로자들이 지역사회와 어깨를 나란히 하는 '참여자'로 자리하는 '공존센터'다.

외국인 근로자들의 안정이 곧 서산의 성장과 직결된다. 이 센터의 설립은 단순한 복지정책이 아니라, 기업의 인력난을 해소하고 지역경제를 살리는 중요한 경제정책이며 사회정책이다.

센터는 또한 문화교류 프로그램을 통해 지역 주민과 외국인 근로자들이 함께 소통하는 장을 마련하며 문화의 벽을 허무는 다리(橋)로 기능한다. 서산은 '우리의 이웃은 국경이 다를 뿐, 같은 하늘 아래 함께 사는 사람'이라는 사실을 가장 아름다운 방식으로 증명해 냈다.

"다른 나라의 사람을 품을 줄 아는 도시만이,
진정으로 세계와 함께 자란다."

5.

현금 없는 버스 운영
– 현금을 내려놓고, 질서를 싣다

현금을 내려놓고, 질서를 싣다
주머니에서
동전이 사라질 때
길은 더 곧아진다
손에서 손으로 건네지던
잔돈의 소음 대신
버스는 시간을 싣고 달린다
멈춤은 줄고
시선은 앞으로 향한다
운전대 위의 하루가
다시 길을 믿는다
작은 선택 하나가
도시의 질서를 바꾸고
움직임은 신뢰가 된다

버스는 도시의 가장 일상적인 풍경이다.

누군가에게는 출근의 시작이고, 누군가에게는 병원으로 향하는 길이며, 또 다른 누군가에게는 하루를 마무리하는 귀가의 공간이다. 그래서 버스가 어떻게 멈추고, 어떻게 출발하는지는 도시가 시민의 시간을 얼마나 존중하는지를 보여주는 지표가 된다.

서산시는 그 질문 앞에서 하나의 결론에 도달했다.

2026년 3월 1일, 관내 시내버스 전 노선에서 현금 결제를 종료하고 교통카드 중심의 운영으로 전환한다. 다만 변화는 한순간에 밀어붙이지 않았다. 읍·면 지역은 2025년 12월 1일부터 먼저 시행해 현장의 반응을 살피고, 시민의 적응 시간을 확보했다. 정책은 선언보다 과정이 중요하다는 판단 때문이었다.

현금 결제는 오랫동안 익숙한 방식이었다. 그러나 그 익숙함 뒤에는 정차 시간 증가, 운전자 시선 분산, 정산 관리 부담이라는 구조적 한계가 누적돼 있었다. 잔돈을 건네는 몇 초의 멈춤이 하루 수백 번 반복되며 버스의 리듬을 흔들었고, 그 작은 흔들림은 정시성과 안전에 영향을 미쳤다. 도시는 더 이상 그 비효율을 관행이라는 이름으로 남겨둘 수 없었다.

현금을 내려놓는 대신, 기준은 분명히 세웠다.

충남도민용 교통카드, 일반 교통카드, 모바일 교통카드까지 모두 사용할 수 있도록 문을 열었다. 만 75세 이상 어르신, 등록장애인, 국가유공자와 유족에게는 무료 이용이 유지되고, 청소년에게는 하루 세 차례까지 무상 이용 혜택이 이어진다. 성인과 타 지역 이용자는 기존과 동일하게 교통 기능이 포함된 신용·체크카드, 충전식 교통카드, 모바일 교통카드를 사용하면 된다.

혹시라도 준비하지 못한 승객을 위해 차량 내 교통카드 구매 안내도 병행한다. 변화의 문턱을 낮추는 일은 행정의 책임이기 때문이다.

이 정책의 핵심은 단순하다. 결제는 더 짧게, 운행은 더 정확하게, 시선은 도로로 향하게 하는 것. 그 결과는 곧바로 나타난다. 정차 시간은 줄고, 배차는 안정되며, 수입 구조는 투명해진다. 무엇보다 운전자가 거스름돈 대신 앞길에 집중할 수 있다는 사실은 그 자체로 가장 직접적인 안전 대책이다.

물론 제도는 설명 없이 작동하지 않는다. 그래서 2025년 12월 19일부터 2026년 2월 28일까지를 집중 홍보 기간으로 정했다. 시와 운수사 홈페이지, SNS, 카카오톡 채널을 통해 알리고, 버스 안과 밖에는 안내문과 반복 방송을 배치했다. 특히 마을회관과 경로당 등 고령층 이용 시설을 중심으로 직접 설명을 이어갔다. 정책은 이해될 때 비로소 제자리를 찾는다.

현금 없는 버스 운영은 편리함을 과시하는 정책이 아니다.

도시의 이동 질서를 정돈하는 일이며, 시민의 시간을 존중하겠다는 약속에 가깝다. 불편을 감수하라는 요구가 아니라, 불필요한 불편을 구조적으로 없애자는 선택이다.

버스는 오늘도 같은 길을 달린다. 그러나 그 안의 질서는 달라진다. 도시는 이렇게, 소리 없이 한 단계 성숙해진다.

"작은 규칙 하나가 하루의 흐름을 바꾸고,
그 하루들이 쌓여 도시의 품격이 된다."

6.

도시가스,
겨울을 건너는 보이지 않는 불빛

겨울은 공평하지 않았다.
어떤 집은 스위치 하나로 밤을 넘겼고
어떤 집은 기름값을 헤아리며
추위를 계산해야 했다.
불은 있었으나
그 불길은 골고루 닿지 않았다.
도시는 빛났지만
골목과 들판은 어둠을 견뎌야 했다.
나는 그 불을
더 멀리, 더 낮게, 더 깊이
흘려보내고자 했다.

83%라는 숫자 뒤에 남은 얼굴들

민선8기 초반, 나는 서산시의 도시가스 공급률을 다시 들여다보았다.

수치는 83%였다. 평균만 보면 안정적이었다. 그러나 지도를 읍·면 단위로 펼쳐보는 순간, 그 숫자는 더 이상 안심의 근거가 되지 못했다. 운산·부석·팔봉 일부 지역은 사실상 공급률 0%, 해미면 외곽 마을 역시 오랜 시간 도시가스의 사각지대에 머물러 있었다.

도시가스는 이미 시내 아파트 단지에서는 '당연한 인프라'였지만, 농촌과 변두리에서는 여전히 LPG통과 등유 드럼이 겨울을 대신하고 있었다. 에너지복지(能源福祉)는 평균값이 아니라, 가장 불리한 삶의 조건에서 평가되어야 한다고 나는 믿었다.

그때부터 도시가스 정책은 단순한 설비 확장이 아니라, 도시의 품격을 고르게 만드는 행정 과제가 되었다.

운산면, 0에서 1로 넘어간 첫 불씨

전환의 출발점은 운산면이었다.

2023년 8월 24일, 충청남도·서산시·도시가스 공급사와 함께 소외 읍·면지역 도시가스 특별지원 업무협약을 체결했다. 경제성 부족이라는 이유로 수년간 미뤄졌던 지역이었다.

2024년부터 2025년까지, 총 68억 원을 투입해 약 13km의 배관을 설치하고, 630세대에 도시가스를 공급하는 계획이었다. 도비와 시비, 그리고 민간의 분담 구조를 통해서만 가능했던 선택이었다.

행정에서 가장 어려운 일은 '없던 길'을 여는 것이다. 운산면 사업은 공급률을 몇 퍼센트 올리는 사업이 아니라, 0을 1로 만드는 정책이었다. 그 하나의 불씨가 이후 모든 확장의 논리가 되었다.

부석면, 도시와 농촌의 경계를 잇다

운산의 불은 부석면으로 이어졌다.

2025년, 인지면에서 부석면 행정복지센터까지 약 10km 구간에 도시가스 배관을 연결하는 사업이 착공됐다. 총 60억 원, 120세대가 대상이었다.

숫자만 보면 소규모였다. 그러나 나는 이 사업을 생활격차(生活隔差)를 줄이는 실험대로 보았다. 난방비 부담, 안전 문제, 주거 만족도는 결국 정주 여건(定住了件)을 결정한다. 부석면 도시가스 공급은 "농촌에서도 도시 수준의 일상을 누릴 수 있다"는 메시지를 현실로 만드는 작업이었다.

해미면, 역사도시의 생활을 완성하다

해미면은 서산의 역사와 신앙, 관광의 중심지다. 그러나 성곽 바깥의 마을들은 오랫동안 에너지 인프라에서만큼은 뒤처져 있었다.

2026년부터 2027년까지, 총 63억 9천만 원, 12.54km 배관을 통해 350세대에 도시가스를 공급하는 특별지원 사업을 확정했다.

나는 이 사업을 "관광도시 해미가 생활 인프라에서도 21세기로 들어오는 관문"이라 정의했다. 보여지는 거리만 정비해서는 도시의 품격이 완성되지 않는다. 주민의 겨울이 따뜻해야, 그 도시의 역사도 오래간다.

수석동 동남·매화아파트, 도심 속 사각지대를 밝히다

도시가스의 사각지대는 농촌에만 있지 않았다.

수석동 동남·매화아파트는 도심 인접 단지였지만, 오랫동안 LPG 난방에 의존해 왔다. 아파트라는 외형과 달리, 겨울은 늘 무거웠다.

2025년, 총 16억 7천만 원을 투입해 약 2.4km의 배관을 설치하고, 460세대에 도시가스를 공급하는 사업을 추진했다. 착공 설명회 자리에서 주민들은 난방비 부담과 안전에 대한 이야기를 가장 먼저 꺼냈다. 이 사업은 상징적이었다. 도시가스 정책이 '읍·면만을 위한 복지'가 아니라, 도심 속 소외까지 포함하는 보편 정책임을 보여줬기 때문이다. 도시의 중심과 변두리, 아파트와 농가를 나누지 않는다는 선언이었다.

하나의 흐름으로 완성된 에너지복지

운산에서 시작해 부석을 지나 해미로 이어지고 마침내 수석동 아파트 단지까지 닿은 도시가스 배관. 이 흐름은 단절된 사업의 나열이 아니다. '가장 먼 곳부터, 가장 낮은 곳까지'라는 하나의 기준 아래 추진된 정책의 연속이다.

도시가스는 눈에 잘 보이지 않는다. 그러나 그 배관 위에서 난방비 걱정이 줄고, 안전이 확보되며, 사람이 머물 이유가 하나 더 생긴다. 그것이면 충분하다. 행정은 거창한 말보다, 겨울을 덜 춥게 만드는 선택에서 신뢰를 얻는다. 민선8기의 도시가스 확장은 서산이 그런 도시가 되기 위한 조용하지만 단단한 과정이었다.

"도시는 불을 얼마나 밝히느냐가 아니라,
그 불을 얼마나 고르게 나누느냐로 평가된다."

6 일상을 깨우는 향기

1.

종합문화예술타운
– 서산의 심장에 예술을 심다

바람은 오래된 시간을 넘어
묘비의 그림자를 스치고,
그 자리에서 새로운 숨이 움트기 시작한다.
사람은 떠나고 땅은 남지만
도시는 그 남은 것 위에
또 다른 꿈을 쌓아 올린다.
소리가 머물 곳을 찾지 못했던 시간,
빛이 머물 자리를 잃어버렸던 공간에
우리는 다시 길을 내고,
잊힌 장단과 묻힌 기억과
다음 세대의 발걸음을
한데 모아 심장을 세운다.
예술이 뛰면 도시가 뛰고,
도시가 숨 쉬면 사람도 숨을 쉰다.
이 언덕 위에서 시작되는 한 줄기 울림이
서산의 내일을 밝히는
첫 불씨가 되리라 나는 믿는다.

기억의 땅에서 미래의 중심을 세우기까지

도시는 시간이 흐를수록 스스로에게 묻는다. “나는 어디에서 미래를 시작해야 하는가.” 서산 역시 이 질문 앞에 깊이 서 있었다. 오랜 세월 시민과 함께해 온 문화회관과 문화원은 시대 변화 속에서 이미 공간적·기능적 한계를 드러내고 있었다. 그 위로 서산시청 신청사 입지가 문화회관·문화원 뒤편으로 확정되면서 두 시설의 이전은 더 이상 고민이 아니라 현실적 과제가 되었다. 신청사는 새로운 행정의 출발선이었지만, 동시에 기존 문화기능은 새로운 보금자리를 찾지 않을 수 없었다. 이러한 여건 속에서 서산의 문화 전략은 자연스럽게 하나의 결론으로 모였다. 바로 종합문화예술타운 조성이었다.

새로운 문화거점으로 선택된 석남동 일원은 오랫동안 공동묘지가 있던 자리다. 사람들의 기억이 켜켜이 쌓인 땅이었기에 더 신중했지만, 도시는 늘 과거 위에 미래를 짓는다.

그곳에 문화의 심장을 심는 일은 단순한 개발이 아니라 전환이었다. 한 가문의 땅이 시민 모두의 문화광장이 되는 과정, 그것이 도시가 성장하는 방식이다. 2023년 4월부터 2024년 7월까지 이어진 타당성 연구는 서산의 문화 인프라와 수요를 정밀하게 분석해 “문화시설의 집적과 연계”라는 명확한 방향을 제시했다. 서산이 법정문화도시 3년 차를 넘어서며 이미 다양한 문화사업이 원도심과 지역 곳곳에서 펼쳐지고 있던 시점이었기에, 이 결론은 자연스럽고 필연적이었다.

국립국악원 서산분원
– 잊힌 전통의 숨결을 다시 일으키다

이 타운의 중심축을 더욱 뚜렷하게 세워준 결정적 계기가 바로 국립국악원 서산분원 유치였다. 서산은 조선 후기의 대표적 유파인 중고제(中高制) 가무악의 본향이다. 그러나 오랜 세월 동안 그 맥은 흐릿해졌고, 문화적 기반도 점차 희미해져 갔다. 국립국악원의 분원이 서산에 건립된다는 사실은 전통의 맥을 복원하는 일, 그리고 충청권에 오랫동안 비어 있었던 한국 전통음악의 축을 완성하는 역사적 선언이었다. 초기 총사업비는 467억 원(국비)이었다. 그러나 2025년 12월 2일 국회 예산 심의 과정에서 국가재정 상황에 따른 조정 요구가 제기되었고, 문화체육관광부와 국회 간 협의 끝에 총사업비를 100억 원 이상 줄이는 조건으로 2026년 설계비 2억 원이 반영되었다.

예산 조정은 아쉬움도 있었지만, 사업의 본질은 흔들리지 않았다. 오히려 중앙과 지방이 함께 사업 구조를 다시 다듬고 사업의 타당성을 더욱 명확히 하는 계기가 되었다. 서산분원은 300석 규모의 현대적 공연장을 중심으로 연습실, 교육공간, 아카이브를 갖춘 복합 국악기관으로 조성되며 2027년 착공, 2030년 준공을 목표로 하고 있다. 분원이 완공되면 시민들은 수준 높은 국악 공연을 더욱 가까이에서 누릴 수 있으며, 시민국악학교 등 생활 전통문화 교육도 크게 확대된다. 이는 단순한 문화 향유의 확대가 아니라, 서산이 스스로의 문화적 자존감을 회복하는 과정이기도 하다.

예술 육각형
– 문화의 심장을 구성하는 여섯 개의 기관

종합문화예술타운은 단일 시설이 아니라, 여섯 개의 핵심 문화기관이 서로를 비추며 유기적으로 연결되는 구조다. 국립국악원 서산분원, 예술의 전당, 무형유산전수교육관, 서산문화원, 시립미술관, 서산문학관. 나는 이 구조를 '예술 육각형'이라 부른다. 어느 하나가 빠져도 전체가 온전하지 않으며, 모든 요소가 조화를 이룰 때 비로소 한 도시의 문화 생태계가 완성된다. 특히 시립미술관과 예술의전당은 문화회관·문화원의 이전이라는 도시 현실과 맞물려 서산 문화의 새 주무대로 자리 잡게 된다.

문화벨트
– 점이 선이 되고, 선이 면이 되다

지곡 창작예술촌, 해미 공연예술지원센터, 원도심 번화로 문화잇슈 등 서산 곳곳에 펼쳐진 문화거점들은 종합문화예술타운을 중심으로 연결되며, 서산 전체가 하나의 큰 문화지도, 즉 문화벨트로 확장된다. 도시의 문화는 점으로 시작해 선으로 이어지고, 그 선은 결국 면이 되어 도시 전체를 바꾼다. 서산은 지금 그 면을 새롭게 그리는 중이다.

2030년, 문화가 서산을 다시 울리는 날

나는 종종 미래의 어느 저녁을 상상한다. 석남동 언덕 위로 바람이 불고, 국립국악원 서산분원의 대청에서 흘러나오는 피리 소리가 도시 전체에 은은하게 번지는 풍경을. 새로 지어진 시립미술관의 전시실에서는 빛이 고요하게 숨쉬고, 문학관 창가에서는 청소년들이 시를 적어 내려간다. 그 옆의 예술의전당에서는 공연을 기다리는 시민들의 마음이 설렘으로 흔들린다. 한때 공동묘지가 있던 자리는 아이들의 웃음과 악기의 음표가 공명하는 장소가 될 것이다. 그 순간 깨닫게 되리라. "서산의 심장에 예술이 완전히 이식되었다."

문화도시는 하루아침에 만들어지지 않는다. 그러나 하나의 결정, 하나의 설계비, 하나의 시민 이해가 모이면서 도시는 매일 조금씩 내일에 가까워진다. 종합문화예술타운이라는 이름의 심장은 이미 조용히, 그러나 힘 있게 뛰기 시작했다. 그리고 머지않아 서산은 문화의 품격을 갖춘 도시로 새롭게 태어날 것이다.

"문화는 한 나라의 정신적 국력이며,
한 도시의 품격은 그 문화의 향기에서 비롯된다."
- 유네스코 헌장 중에서

2.

국보의 도시, 서산
– 서산의 가치를 재발견하다

돌은 말이 없지만
천 년의 숨결을 품고 있다
바람은 지나가도
남는 것은 시간의 결
사람은 떠나가도
돌은 그 자리에 서서 도시의 운명을 기록한다
흙과 재가 스러진 자리에
다시 별빛이 내려앉을 때
오층의 탑은 조용히 깨어나
잃어버린 역사의 심장을 다시 뛰게 한다
도시는 기적이 아니라
오랜 기다림의 결실로 빛난다.
한 줌의 흙에서 시작된 서산의 시간은
지금, 국보라는 이름으로
새로운 내일을 밝히고 있다

보원사지 5층석탑 국보 승격
– 63년 만의 영광

도시는 건물이나 도로가 아니라, 그 도시에 스며든 시간의 깊이가 품격을 결정한다. 서산은 그 점에서 묵직한 역사의 도시였으나, 오랫동안 그 가치를 온전히 드러내지 못한 채 조용히 잠들어 있었다. 그러나 이제 서산은 다시 일어서는 중이다. 돌과 흙이 말을 걸어오고, 시간이 우리를 부르고 있다. 2025년 10월 30일, 보원사지 5층석탑이 국보 승격 예고를 받던 순간, 나는 이 도시가 마침내 잃어버린 자존을 되찾고 있다고 느꼈다.

1962년 '백제의 미소'라 불린 용현리 마애여래삼존상(국보 제84호) 지정 이후 무려 63년 만에 서산에서 다시 태어난 국보다.

이제 서산은 국립박물관이 아닌 현지에 국보 두 점을 보유한 대한민국의 몇 안 되는 도시가 되었다. 보원사지 5층석탑은 백제의 단아한 선, 신라의 힘찬 조형미, 고려의 균형미가 한 탑 안에서 조화를 이루는 보기 드문 유산이며, 특히 기단부에 사자상과 팔부중상(八部衆像)이 새겨진 충청권 유일의 석탑이라는 점에서 학술적·예술적 가치가 더욱 크게 평가받고 있다. 이 길은 하루아침에 열린 것이 아니었다. 민선6기였던 2016년부터 수년간 정밀조사와 학술연구, 복원과 검증을 반복하며 9년이라는 긴 시간의 불을 꺼뜨리지 않고 지켜낸 노력의 결실이었다.

나는 도시의 행정가로서 우리의 문화유산이 서산의 자랑을 넘어 대한민국의 보물 중 보물이 되도록 등불을 밝히고자 했다. 시청의 문화예술과 신현우 과장과 직원들, 충청남도와 지역구 성일종 국회의원의 정무적 노력, 불교계의 염원과 지역주민들의 바람이 한데 모아져 국보승격이라는 꽃을 피워냈다. 앞으로 개심사 '목조아미타여래좌상'까지 국보 승격이 이어진다면, 서산은 마침내 '국보의 도시'라는 이름을 당당히 걸게 될 것이다.

역사는 흘러도 유산은 남는다. 오층석탑의 돌 틈 사이에는 백제의 숨결, 서산의 품격, 그리고 이 도시가 걸어온 천 년의 시간이 살아 숨 쉰다. 나는 그 시간을 지키는 등불지기가 되고 싶다.

보원사지 방문자센터 건립
– 문화재의 귀향(歸鄕)과 자긍심

서산에는 찬란한 유산이 많지만, 정작 그 유산을 품을 '집'이 부족했다. 소중한 유물들이 타 지역의 수장고로 흩어져야 했던 현실은 늘 마음 깊은 곳에서 아린 장면으로 남아 있었다. 그래서 시와 불교계에서는 보원사지의 시간과 서산 시민의 자긍심이 만나는 장소를 만들고자 했다. 총사업비 150억 원, 이 중 국·도비 127억 5천만 원을 확보해 조성되는 보원사지 방문자센터는 단순한 전시관이 아니다. 약 1,300㎡ 규모의 복합 문화공간으로서, 유물의 보존·전시, 문화체험, 교육 기능을 모두 갖춘 '서산 불교문화의 중심 거점'이다.

센터가 완공되면 그동안 흩어져 있던 보원사지 출토 유물들이 제자리로 돌아와 고향을 찾게 된다. 서산 보원사지의 발굴은 1960년대 초기 유물 출토로 시작해 2006년부터 체계적인 국립부여문화재연구소(현 국립부여문화유산연구소)의 장기 발굴로 이어졌으며, 2025년 12차 조사까지 진행되었다. 1968년 백제금동여래입상이 출토되어 창건 시기를 백제 시대까지 추정하게 되었고, 1987년 7월 18일 사적 제316호로 지정되었다. 1963년 석조, 법인국사탑 등 주요 문화재가 보물로 지정되며 학술적 관심이 높아졌다.

이와같은 체계적인 발굴은 2006년 제1차 발굴로 사역 중심부와 통일신라~고려 유물을 확인한 후, 2007년 7,703㎡ 규모로 사역 범위를 파악했다. 2006년부터 2017년까지 국립부여문화재연구소가 주도하며 고려~조선 시대 건물지 7기와 연화문수막새 등 유물을 발굴했다. 2010년 발굴 보고서 '서산 보원사지1'이 발간되었다.

최근에는 2025년 3월부터 국가유산청과 서산시가 진행한 12차 정밀 발굴에서 고려 시대 최대 규모 승방지(건물지군 6개소, 총 25개 건물지), 담장지 11기, 석축 7기 등을 발견했다. 11월 19

일 현장 설명회가 열렸으며, 지난 2025년 12월 19일 보원사지 오층석탑이 국보로 정식 승격(국보 제352호)되었다.

이곳은 서산의 정체성을 되찾고, 체류형 관광을 확대하며, 미래 세대에게 살아있는 역사 교육의 장이 될 것이다. 과거와 현재, 그리고 미래를 이어주는 다리, 그것이 바로 보원사지 방문자센터의 사명이자 존재 이유다.

K-순례 거점, 해미국제성지 방문자센터
- 신앙의 등대

해미는 고난의 기억과 신앙의 숨결이 뒤섞인 땅이다. 나는 2014년 8월 17일, 지금은 선종하신 프란치스코 교황을 해미읍성에서 직접 맞이하며 그 순간 해미가 세계의 역사 속으로 깊이 들어가는 큰 축복을 받았다고 느꼈다. 이제 이 신앙의 땅에 또 하나의 등대가 세워지고 있다. 총 54억 원(국비 16억 포함)을 투입해 2026년 4월 준공을 목표로 하는 K-순례 방문자센터는 단순한 건물이 아니라, 순교자들의 삶을 해석하고 그 신앙을 이어가는 '기억의 집'이다.

여기에는 순교자영성만남관, 다국어 순례지원실 등 세계인의 순례를 돕는 기능이 갖춰진다. 2027년 8월 천주교 세계청년대회를 대비한 이 센터는 해미를 한국적 영성을 품은 세계 순례의 중심으로 올려세울 것이다.

〈해미국제성지 방문자센터 조감도〉

국보의 도시는 우연히 만들어지지 않는다. 그것은 시간을 존중하는 행정, 역사를 복원하려는 도시의 의지, 그리고 유산을 사랑하는 시민의 마음이 모일 때 비로소 탄생한다. "천 년의 유산 위에 서는 도시는 무너지지 않는다."

"한 나라의 품격은 그 나라가 지켜낸
돌 한 조각에도 깃들어 있다." – 괴테

3.

서해안 시대의 관문, 크루즈와 IC가 연다

서해의 바람이 긴 항로를 끌어당길 때
한 줄기 물결은 포기하지 않는 마음을 알아보고
십 년을 두드린 손끝에 길 하나를 건네주었다
기다림은 돌을 깎는 조각가처럼
도시의 미래를 천천히 빚어냈고
뱃고동 한 번 울리자
서산의 심장은 바다의 박동과 합을 이루었다
관문은 단순한 길이 아니었다
들어서는 숨결마다 품격을 묻는 질문이었고
떠나는 발걸음마다 기억을 더하는 문장이었다
나는 그 문장에 '서산'이라는 이름을 새기며
도시의 내일을 다시 그려 넣었다

충청권 최초 국제 크루즈 취항
– 서해의 길을 열다

관광은 도시가 세상과 나누는 가장 아름다운 대화였다. 연기 대신 미소가 피어나는 산업, 제품 대신 추억이 남는 산업이 바로 관광이다. 그래서 나는 늘 믿었다. 사람이 찾아오는 도시가 다시 살아나고, 관심이 모이는 곳이 보존된다는 사실을 해미읍성의 돌담길에서든, 보원사지 석탑의 그림자 아래에서든 여행

자는 단순한 손님이 아니라 서산의 또 하나의 시민이 된다. 관광은 도시의 혼(魂)을 지켜낸다는 확신이 내 행정의 깊은 자리에 자리를 잡았다.

부시장 시절, 나는 대산항에 국제여객선을 띄우겠다는 꿈을 쥐고 살았다. 2010년 11월 제주도에서 열린 제18차 한중해운회담에서 국제여객 정기항로가 공식 확정되던 순간은 충청권 바다가 처음으로 '국제 항로 지도'를 얻은 역사적 장면이었다. 시는 국제여객터미널과 여객부두를 추진했고, 나는 중국을 네 차례나 왕복하며 합작 구조를 맞추기 위해 뛰었다. 그런 노력의 결과 2014년 2월 27일 착공한 국제여객터미널은 국비 344억이 투입되어 2016년 5월 완공되었다.

그러나 세월호 참사 이후 강화된 안전 기준과 복합 리스크는 여객선 취항을 번번이 밀어냈다. 그 시간이 나에게 남긴 가르침은 단순했다. "한 번에 되지 않는 일은, 오래 버티는 사람이 가져간다."

민선 8기(2022년 7월)로 서산시장으로 다시 돌아온 나는 전략의 축을 '중국 정기 여객선'에서 '국제 크루즈선'으로 대담하게 전환했다. 이것은 공약사항으로 추진되었다. 그리고 마침내 2024년 5월 8일, 11만 4천 톤급 코스타 세레나(Costa Serena)호가 대산항을 모항으로 출항하며 충청권 최초 국제 크루즈 시대가 서해에서 열렸다. 뱃고동이 울리던 그 순간, 나는 도시의 심장이 바다의 리듬에 맞춰 박동하던 광경을 또렷하게 기억하고 있다. 첫 취항 때는 나도 6박 7일간의 일정을 함께했다. 경험이 있어야 정책 방향을 제대로 수립하고 다음 수순을 이어갈 수 있기 때문에 바쁜 일정을 뒤로하고 서산시민을 포함한 2,600여 명의 관광객과 일정을 같이 했다. 결과적으로 소중한 경험이 되었다.

2025년 두 번째 항차에서는 국내 최초로 '대만 1박 2일 오버나잇' 체류로 운항되었다. 관광은 이제 '지나가는 일정'이 아니라 '머무는 경험'이 되어야 한다는 것과도 일맥상통한다.

언론은 서산을 대한민국 '7대 크루즈 기항지'로 평가했고, 서해안 관광시대가 본격적으로 시작되었다.

서산시에서는 작은 디테일도 놓치지 않았다. 승무원 시티투어를 개설해 지역 소비를 유도하고, 서산 김치 500kg을 선적해 '서산의 맛'을 세계인의 식탁 위에 올렸다. 돌아보면 정기 여객선 추진의 우여곡절은 더 큰 바다로 향하는 항법(航法)이었다. "십 년을 두드리면 바위도 문이 된다." 서산의 항로는 인내의 공학(工學) 위에서 완성된 길이었다. 2026년에는 6월 13일부터 6월 19일까지 6박 7일간의 일정으로 짜여졌다. 많은 관광객들이 서산을 기억하게 될 것이다. 이제 다음의 목표는 분명하다. 대산항을 중심으로 모항–준모항–기항 체계를 다변화하고, 테마 크루즈를 상품화하며 체류 소비를 확대하는 것. 서산을 '충청권 최초'를 넘어 '서해 크루즈 허브'로 자리매김시키는 것이다.

서산IC와 해미IC
- 도시의 첫인상을 바꾼다

서산IC와 해미IC는 그 문턱에서 도시의 인사를 대신하는 관문이었다. 20년 넘게 변함없던 이 입구들을 새로 디자인할 때가 왔다고 나는 판단했다. 나는 두 관문을 완전히 새롭게 구성하기로 결심하고 총사업비 33억 원 규모의 '고속도로 나들목 특성화사업'을 추진했다. 이것은 단순한 미관 정비가 아니라, 서산이라는 도시의 품격을 공간으로 형상화하는 작업이자 '도시의 얼굴'을 다시 빚는 과정이었다. 하지만 과정은 순탄치 않았다.

초기 추산 비용(45억 원)을 두고 예산 낭비라는 주장이 있었고, 서산IC는 시 로고가 내가 시장으로 있을 때 만들어졌다는 이유만으로 정치적 반대가 격렬했다. 일부 시의원들은 지속적으로 비판의 목소리를 높였다.

"시장이 바뀌면 로고도 바뀔 텐데"라는 말 앞에서 나는 참 답답했다. 도시 브랜드는 정권의 소유물이 아니라 도시의 자산이고, 품격과 정체성은 정치의 색깔이 아니라 도시의 미래를 기준으로 판단해야 한다고 나는 확신했다. 그래서 나는 흔들리지 않았다. 서산IC에는 서산의 얼굴 역할을 하고 있는 시 마크 형상으로 공식성과 일관성을 부여했고,

해미IC는 해미읍성 진남문(鎭南門)의 형상을 모티브로 삼아 서산의 역사와 문화를 담아냈다. 이는 과거를 복원하기 위한 디자인이 아니라, 전통과 미래가 맞닿는 '시간의 교차점'을 세우는 시도였다.

국제 크루즈 취항, K-순례 거점화 등 세계와 연결되는 도시의 관문에서 나들목은 단순한 도로가 아니다. 그것은 도시의 서문(序文)이다. 이 서문을 통해 서산의 따뜻한 품격과 당당한 미래가 읽히기를 나는 바라고 있다. 이 사업은 결국 '기억의 설계'에 가까웠다. 그 문을 통과하는 모든 이가 서산의 숨결을 느끼고, 도시의 내일을 상상하게 되기를 바라는 마음에서였다. "도시의 품격은 건물의 높이가 아니라, 들어서는 순간의 감동에서 결정된다." 이 문장을 나는 오늘도 가슴에 새기며 서해안 시대의 문을 더 크게, 더 아름답게 열어가고 있다.

"도시의 품격은 건물의 높이가 아니라,
들어서는 순간의 감동에서 결정된다."

서산 Seosan
하이패스전용
하이패스전용

하이패스전용

4.

가로림만
– 갈등의 바다에서 미래의 바다로

갯벌 위로 햇살이 번지고
밀물과 썰물이 남긴 리듬 위에
바다의 시간과 사람의 시간이 포개진다.

작은 생명 하나에도 바람이 머무는 만(灣),
이곳은 지명이 아니라 살아 있는 교실이다.
흙과 물 사이에서 생명은 스스로 글을 쓰고,
사람은 그 문장을 조용히 읽는다.

닫히고 열리기를 반복한 바다의 문 앞에서
보전과 삶은 서로 등을 맞댄다.
파도는 가르치고, 갯벌은 기억하며
바다는 오늘도 미래를 공부시킨다.

가로림만은 서산과 태안을 품은 대한민국 최대의 내해(內海)다. 세계 5대 갯벌 가운데 하나로 손꼽히는 이곳에는 수백 종의 저서생물이 숨 쉬고, 천연기념물 제331호 점박이물범이 바위 위에서 숨을 고른다. 노랑부리백로와 저어새를 비롯한 멸종위기 철새들은 계절마다 이 만을 교과서 삼아 생의 궤적을 이어간다. '생물다양성의 보고(寶庫)'라는 말은 이 바다 앞에서 과장이 아니다.

그러나 이 바다는 늘 고요하지만은 않았다. 2000년대 이후 조력발전 논의가 본격화되며 지역사회는 찬반의 파도로 갈라졌고, 바다는 말없이 흔들렸다. 생업과 보전 사이에서 주민들의 고민은 깊어졌다.

그 갈등의 끝에서 우리는 하나의 결론에 도달했다. 자연을 지키는 일은 막는 것이 아니라, 함께 사는 길을 설계하는 일이라는 사실이다. 그 전환점은 2016년, 가로림만이 국가 최초·최대 규모의 해양생물보호구역으로 지정되며 찾아왔다. 개발의 바람이 멎고, 보전의 바람이 불기 시작한 순간이었다.

보전은 곧 또 다른 숙제를 남겼다. 규제의 무게를 지역에만 지울 수는 없었다. 해법은 제도에서 나왔다. 가로림만의 보전과 지속 가능한 이용을 함께 담아낼 새로운 틀이 필요했다. 그 고민은 2022년 '국가해양생태공원' 제도 신설로 결실을 맺었다. 핵심보전구역 – 완충구역 – 지속가능이용구역으로 이어지는 3단계 공간관리 체계는 자연과 지역사회의 공존을 제도적으로 설계한 도약이었다.

과정이 순탄하지만은 않았다. 2019년 예비타당성조사에서 냉정한 평가를 받았고, 재도전 역시 기준점에 근소하게 미달했다. 닫힌 문 앞에서 나는 확신을 다졌다. 길이 틀린 것이 아니라, 길의 크기를 다시 그려야 한다는 신호라는 것을. 이후 계획은 단일 사업을 넘어, 가로림만 전역을 아우르는 종합 생태·복원·탐방 구상으로 확장되었다. 보전과 이용을 함께 품는 광역적 청사진이 완성되며, 가로림만은 '사업 대상지'가 아니라 '미래 세대를 위한 생태 플랫폼'으로 자리매김했다.

그 결실은 2025년 12월 2일 도착했다. 가로림만이 대한민국 제1호 국가해양생태공원으로 공식 지정된 날이다.

전국 최초의 해양생물보호구역이자 연구의 중심지였던 이 만은, 이제 국가가 관리하는 '보존과 이용의 균형' 모델로 새 시대의 문을 열었다. 한때 지역을 갈랐던 상처는 조용히 봉합되기 시작했고, 우리는 이분법을 넘어 지속 가능한 공존의 길이 있음을 확인했다.

국가는 이 전환을 정책으로 뒷받침했다. 2030년까지 1,200억 원 규모의 단계적 투자, 블루카본 서식지 조성, 시민모니터링단 운영 등 참여형 생태정책이 구체화됐다. 가로림만은 지정지를 넘어 대한민국 해양생태정책의 방향을 상징하는 '제1호 모델'이 되었다.

여기서 끝이 아니다. 서산시와 충청남도는 유네스코 세계자연유산 등재를 목표로 전략을 병행하고 있다. '한국의 갯벌' 확장 등재 절차를 밟아 국제자연보전연맹(IUCN)의 현장조사를 거쳐 2026년 7월 세계유산위원회의 결정을 기다리고 있다. 등재가 확정되면 가로림만은 대한민국의 또 하나의 세계유산 갯벌로 이름을 올리게 된다.

동쪽 해안을 따라 이어질 140km의 리아스식 갯벌생태길은 이 공원의 상징이자 핵심 콘텐츠다. 2025년 국비 10억 원이 반영되어 기본설계가 시작되었고, 탐방로와 관찰데크, 체험장이 어우러진 '걸어서 읽는 자연 교과서'가 바다 위에 펼쳐질 것이다. 사람들은 그 길에서 생명의 문장을 눈으로 읽고, 바람의 속도를 발끝으로 배울 것이다.

가로림만 국가해양생태공원은 생태 보전에 머물지 않는다. 블루카본 연구는 기후위기 시대의 탄소흡수 전략을 이끌고, 생태관광은 지역경제의 새로운 성장축이 된다. 나는 이 거대한 자연 위에 도시의 미래를 조용히 그려본다. 개발이 아닌 보전, 소유가 아닌 공존, 속도가 아닌 성찰로 이루어진 미래다. 파도는 쉬지 않지만, 그 안의 생명은 고요함으로 세상을 지탱한다. 행정이 해야 할 일은 그 고요를 지켜내는 것이다. 그것이 다음 세대에게 남길 수 있는 가장 값진 유산이라 믿는다.

"바다는 인간의 거울이다.
바다를 지킨다는 것은,
결국 우리 자신을 지키는 일이다."

5.

서산해미읍성 축제의 변신

고요한 돌담 위로
옛 숨결만 흐르던 해미의 밤,
그 적막을 깨운 것은
바람도, 북소리도 아니었다.
빛이 하늘을 수놓고
젊은 심장이 광장을 흔들 때,
역사는 제 옷을 벗고
새로운 축제의 문을 열었다.
과거는 뿌리로 남고
현재는 빛의 무늬로 번지며
미래는 성문 너머에서 우리를 기다린다.
아이의 웃음과 노년의 발걸음,
청춘의 파동과 전통의 맥박이
한곳에서 어울리는 순간—
해미읍성은 더 이상 옛 성이 아니었다.
도시는 이렇게
스스로를 다시 쓰는 법을 배운다.

오늘의 변신이
내일의 서산을 밝히는 기적이 된다.

해미읍성 축제, 변화의 첫 페이지를 열다

해미읍성 축제는 오랫동안 '역사 체험형 축제'라는 틀 안에서 정체되어 있었다. 19회까지 이어진 운영 방식은 안정적이었지만, 시대의 흐름과 관객의 기대를 따라잡기에는 역부족이었다. 나는 민선8기 출범 후, 축제가 더 이상 과거의 시간을 반복해서는 안 된다고 판단했다. 역사는 뿌리가 되어주되, 도시의 문화는 앞으로 나아가야 한다는 확신이 있었다. 이 결심 아래 나는 축제 운영 체계를 근본부터 다시 세웠다. 가장 큰 변화는 총괄감독제의 도입이었다.

그동안 축제를 관행적으로 맡아오던 문화원에서 역할을 이관하여, 서산문화재단이 전문성을 바탕으로 축제를 기획·운영하도록 구조를 개편했다. 이는 단순한 업무 변경이 아니라, 축제의 사고방식 자체를 바꾸는 일이었다. 축제의 '손'이 아니라, '머리'를 바꾸는 일이었다.

제20회(2023)
– 완전한 변신, 새로운 축제의 문을 열다

총괄감독제 도입 첫 해, 제20회 해미읍성 축제는 말 그대로 '재탄생'에 가까웠다. 나는 축제의 고정관념을 깨는 데 주저하지 않았다. 전통 재현에 갇힌 축제의 틀을 벗기고, 과거·현재·미래를 아우르는 퓨전 고성문화축제로 탈바꿈시키겠다는 임진번 문화재단 대표이사와 손형채 총괄감독의 보고를 그대로 받아들였다. 전적으로 문화재단과 축제총괄감독에게 일임한 것이다. 축제 곳곳에 새로운 시도가 이어졌다.

밤하늘을 채운 드론 라이트쇼, 젊은 세대를 끌어당긴 EDM 파티, 인순이·빅마마·다이나믹 듀오 등 전국급 아티스트 공연, 어린이 당근마켓과 미디어아트 같은 신개념 체험형 콘텐츠, 나아가 해미읍성 주변 도로를 폐쇄하고 파라솔 150개를 설치한 체류형 야간 공간 조성. 역사적 공간이 현대 문화와 결합하는 순간, 해미읍성은 과거의 유적지가 아니라 살아 움직이는 도시 무대가 되었다.

그 결과는 숫자로도 분명했다. 방문객 25만 명(4일간), 경제효과 148억 원, 전년 대비 61% 증가, 그리고 시민과 방문객 모두가 '해미읍성이 이렇게 달라질 수 있구나'를 체감한 순간이었다.

제21회(2024)
– 전문성의 힘, 류재현 감독의 본격 연출

제21회부터는 축제 전문가 류재현 총괄감독이 지휘봉을 잡았다. 그는 지역성·현대성·대중성을 결합하는 능력이 탁월한 연출가로, 축제의 방향을 더욱 명확하게 세웠다. 첫 인상은 머털도사 같은 이미지였다, 꾸밈도 없고 양복 한 번 입지 않는 그저 평범하고 수수한 시골풍 총각 같은 모습 그 자체였다. 그러나 그의 머리는 전혀 딴판. 샤프하고 창의가 샘솟듯 했다. 이런 그의 첫 작품은 "고성방가 시즌2 – 지혜의 성"이라는 이름으로, 해미읍성 '안과 밖을 모두 하나의 무대'로 엮어냈다.

그 결과 축제 공간은 더 넓어졌고, 관객 동선은 자연스럽게 이어졌다. MZ세대를 위한 EDM 파티, 아이들을 위한 당근마켓·로보카폴리 프로그램, 해미 주민이 직접 참여한 해미해피데이·푸드코트, 그리고 미디어아트 대표 작품인 '몽유송원(夢遊松園)' 설치는 축제를 더욱 풍성하게 만들었다. 특히 외부 방문객 비율이 64%에 달했고, 1인당 평균 지출액 7만405원은 지역경제 활성화의 분명한 신호였다. 해미읍성 축제는 이 해를 기점으로 '로컬100' 선정 축제라는 국가적 인증을 받으며 도시 브랜드의 위상을 한층 끌어올렸다.

제22회(2025)
– 전통의 지혜를 현대의 감각으로 품다

제22회는 '지혜'를 중심 주제로 삼았다. 창의의 지휘봉은 이번에도 류재현 감독이 맡았다. 축제가 단순한 볼거리·재미를 넘어, 선조들의 삶을 오늘의 감성 속에 다시 해석하는 시도가 이어졌다. 블랙이글스의 웅장한 에어쇼, 뮤지컬 갈라쇼와 클래식 콘서트, 전통혼례·전통놀이 체험, 키즈존·피크닉 존 등 세대별 맞춤 콘텐츠, 심야까지 이어진 미디어아트 공연. 축제는 어느 한 계층만을 위한 무대가 아니라 모든 세대가 함께 걷고 숨 쉬는 세대 통합형 문화무대로 확장되었다. 특히 22회 축제에서는 "아이를 맡아드립니다, 엄빠는 쉬고 싶다"라는 유쾌한 컨셉트가 큰 성공을 거두는 기폭제가 되었다. 21만여 명(3일간) 이상이 방문하며 지역경제와 상생하는 지속가능한 문화 플랫폼으로 자리 잡았다. 해미읍성의 밤하늘 아래 등불이 켜지고, 전통 가락이 울려 퍼질 때, 서산은 더 이상 작은 도시가 아니었다. 그곳은 한국의 시간과 감성이 공존하는 거대한 무대였다.

해미읍성 축제, 성공의 이유

축제의 성공은 우연이 아니다. 세 가지 축이 정확히 맞물렸기 때문이다.

첫째, 총괄감독제의 도입이다. 축제는 이제 이벤트를 모아놓은 조립품이 아니라 철학과 기획이 흐르는 하나의 작품이 되었다. 류재현 감독의 연속 등판은 브랜드 일관성을 만들어냈다.

둘째, 공간 혁신의 결단이다. 해미읍성은 더 이상 울타리 안의 공간이 아니다. 도로를 닫고, 야간 조명을 밝히고, 체류형 콘텐츠를 늘리면서 도시 전체가 축제의 장으로 확장되었다.

셋째, 세대 통합 전략이다. 젊은 세대는 드론·EDM으로, 가족 단위는 캐릭터·체험 프로그램으로, 중장년층은 전통문화와 공연콘텐츠로 끌어안았다. 모든 세대를 한 무대에 담아낸 것이 바로 해미읍성의 경쟁력이다.

그리고 빼놓을 수 없는 또 한 가지. 바로 문화재단 임진번 대표이사의 지칠 줄 모르는 열정과 노력이었다. 여기에 소수의 직원들도 호흡을 맞췄다.

해미읍성 축제는 이제 서산의 얼굴이 되었다. 민선8기의 혁신은 단발적 개편이 아니라 축제의 체질 자체를 바꾸는 일이었다. 그 결과 해미읍성 축제는 도시의 브랜드 자산, 나아가 서산의 문화적 정체성을 보여주는 대표 상징으로 자리 잡았다. 축제는 결국 사람을 모으고, 시간을 비추며, 도시의 미래를 향해 문을 여는 힘이다. 해미읍성 축제가 만들어낸 변신은 "오늘을 넘어 내일로 가는 서산"의 방향을 가장 잘 말해주는 변화였다.

"새로운 길을 원하는 자는, 먼저 낡은 문을 열어 젖혀야 한다." 해미읍성 축제의 변화는 바로 그 문을 연 순간이었다.

"축제는 시간이 만든 기억이 아니라, 도시가 선택한 미래다.
해미읍성이 달라진 날, 서산의 내일도 함께 달라지기 시작했다."

발길 닿는 곳마다 안심

7

1.

시민의 발을 살리다 – 서령버스 회생과 서산교통㈜의 탄생

바퀴가 멈추던 날
도시의 숨도 함께 멎었다
침묵한 정류장, 고개 숙인 발걸음
끊어진 노선 위로 일상이 흩어졌지만
멈춤은 끝이 아니었다
행정은 뛰고, 공직자는 올라타
끊긴 길마다 다시 선을 그었다
흔들린 것은 차량이었고
흔들리지 않은 것은 시민의 신뢰와 지지였다
그 힘으로
우리는 바퀴를 다시 돌렸다

2023년 12월 14일, 서산시는 '서령버스 전면 운행 중단'이라는 돌발상황과 마주했다. 출근길 정류장에서 발길을 돌리는 시민들의 표정은 이 사태가 단순한 교통 차질이 아니라 '도시의 일상 중단'임을 말해 주고 있었다. 그러나 서산시는 놀라지 않았다. 그 이전부터 회사가 연료비 부족, 타이어 교체 불가 등을 이유로 운행 축소를 압박해 오던 정황을 면밀히 주시해 비상 시나리오를 준비해 왔기 때문이다. 같은 날 즉시 미리 준비해 두었던 시장 담화문을 통해 시민에게 상황을 투명하게 알리고, 관광·전세버스를 긴급 투입했다. 공무원들이 직접 버스에 올라 노선 안내·승하차 지원을 맡았고, 민간의 연대도 이어졌다. 한화토탈에너지스가 차량 지원에 동참했고, 시민들은 "서산시는 굴복하지 말라"는 격려로 시정에 힘을 보탰다. 8일 뒤인 12월 22일, 서령버스는 운행을 재개했지만, 나는 이 사건을 '일시 봉합'이 아닌 '구조 재설계'의 출발점으로 판단했다.

구조를 다시 짜는 작업은 곧 법적·재정적 회생 트랙을 여는 일이었다. 2023년 12월 22일 한국노조 서령버스지부에서 대전지방법원에 회생절차 개시를 신청했고, 2024년 5월 13일 정식 개시 인가가 내려졌다. 당시 서령버스는 부채 120억 원, 면허 차량 68대, 인가 노선 250개, 총 운행거리 4,219.8km, 임직원 106명의 규모였다. 시는 이 시간을 단순한 생명 연장이 아니라 지속 가능한 공공교통 체계 재설계의 기회로 삼았다. 핵심 원칙은 두 가지였다. 공공성 담보와 책임경영 복원. 노선·차량·인력·재무를 전면적으로 들여다보며 '시민 중심'으로 판을 다시 짰다.

투자·인수 절차는 신속하게 진행됐다. 2025년 2월 2일, 인천에서 준공영제를 안정적으로 운영해 온 시영운수㈜가 조건부 투자자로 선정되었고, 4월 1일 최종 인수 예정자로 확정되었다. 이어 7월 1일, 나는 시장실에서 안생준 회장·안광헌 대표와 만나 '책임 있는 경영'과 '행정의 아낌없는 지원'을 맞교환하는 상징적 악수를 나눴다. 이것은 단지 계약이 아니라 서산 대중교통의 명예 회복 선언이었다.

법적 회생 절차도 순조롭게 매듭지어졌다. 2025년 6월 13일 관계인 집회에서 회생계획안 가결, 7월 8일 법원 최종 인가로 회생절차 종결이 확정되었다. 새 상호는 '서산교통㈜'. 8월 6일, 서산시는 서령버스 사옥 앞에서 서산교통 창립식을 열었다. 바퀴가 멈췄던 바로 그 자리에서 다시 출발을 선언한 의식은, 과거의 상처를 미래의 약속으로 전환시키려는 의지의 연출이었다. 테이프 커팅 후 장소를 미다옴 뷔페로 옮겨 진행된 본식(本式)에서는 정시 운행 복원, 청결한 차량 관리, 친절 서비스, 안정된 노선 운영을 축으로 하는 새 비전이 발표되었다. 시는 행사가 화려하지 않더라도 본질은 단단해야 한다는 원칙 아래, '연장선'이 아닌 전면 개편된 시민의 교통으로서 서산교통의 역할을 분명히 했다.

서산시는 또한 '법과 정의'에 대한 공적 감사를 정식 절차로 남겼다. 2025년 8월 27일, 나는 교통과장과 대중교통혁신TF 팀장 등과 함께 대전지방법원을 방문해 김용덕 법원장에게 감사패를 전달했다. "투명·공정한 절차로 인수합병을 성공적으로 이끌고, 회생을 조기에 종결하여 서산시 대중교통의 안정적 전환에 크게 기여"했음을 적시한 그 문구는, 행정·사법·시민 연대의 결실을 제도사(制度史)에 기록하려는 의지이기도 했다.

그리고 변화는 곧 도로 위 풍경에서 확인되었다. 정시성 회복, 차량 청결·안전 표준 강화, 친절 응대 교육 내재화, 노선 안정화가 연쇄적으로 체감되면서, 시민 설문에는 "이제 일상으로의 이동이 다시 편안해졌다"라는 응답이 쌓였다. 나는 이 전환을 '기업의 회생'이 아니라 '생활의 회복'으로 정의한다. 위기 국면에서 드러난 것은 차량의 한계가 아니라 사람의 연대였고, 행정이 존재해야 하는 가장 분명한 이유–"멈춘 바퀴를 다시 돌리는 일"–이 무엇인지가 다시 확인되었다. 서산교통이라는 새 이름은 그래서 단순한 간판이 아니라, 시민의 신뢰·행정의 책임·기업의 윤리가 함께 새겨진 공공교통의 약속이다.

서산시는 2025년 11월 14일(금) 서산 베니키아호텔에서 '대중교통 비전선포식 및 협약식'을 갖고 서산시민의 발에 새로운 동력을 불어넣었다.

"바퀴는 금속으로 굴러가지만,
도시를 움직이는 힘은 언제나 사람의 마음이다."

2.

회전교차로 – 흐름의 원圓, 멈추지 않는 도시

길 위에 원을 그리다
신호가 멈추고, 차가 멈추던 곳,
도시는 늘 숨이 가빴다.
빨간 불, 파란 불
– 서로를 기다리지 못한 채 다투던 길 위에서,
이제는 원(圓)이 모든 것을 품는다.
서로 양보하며 흐르고, 기다림은 줄어들고,
삶은 부드럽게 이어진다.
길이 돌면, 도시가 숨을 쉰다.

서산의 도심을 가로지르는 호수공원 사거리(읍내동 101-2). 한때 이곳은 '신호의 감옥'이라 불릴 만큼 정체가 심한 구간이었다. 하루에도 수천 대의 차량이 몰렸고, 신호는 반복되었으며, 기다림과 피로는 쌓여갔다. 나는 이러한 교통의 병목을 풀기 위해 '회전교차로'라는 새로운 해법을 꺼내 들었다. 이 결정은 단순한 도로 구조 변경이 아니었다. 그것은 '도시의 흐름'을 재정의하는 시도였다. 회전교차로는 신호등을 없애고 차량이 서행하며 원형으로 통과하는 구조다. 속도를 낮추지만, 흐름은 멈추지 않는다. 급정지와 급출발이 줄고, 교통사고는 획기적으로 감소한다. 행정안전부와 교통연구원의 통계에 따르면, 회전교차로 설치 후 교통사고 사망자는 63%, 사고 발생 건수는 28.8%, 통행시간은 평균 20%가량 감소하는 것으로 나타났다.

서산시에서는 이 구조를 서산 도심 곳곳에 도입하기 위해 2024년부터 본격 추진에 나섰다. 총사업비 18억 원(국비 5.65억 원, 시비 12.35억 원)을 투입하여, 2024년 5월 기본설계를 완료하고 7월에는 관계기관 협의를 마친 뒤, 11월 착공을 시작했다. 2025년 예산에도 4억 원이 반영되어 사업의 연속성을 확보했다. 그러나 새로운 일을 하게 될 때는 언제나 단순하지 않다.

시가 도심의 첫 회전교차로 후보지로 '서산의료원 사거리(석림 사거리)'를 선정했을 때, 뜻밖의 반대에 부딪혔다. 의료원 사거리는 서산의 중심축이자 '도심의 관문'으로, 교통량이 많고 보행자도 집중되는 구간이었다. 나는 이곳을 '서산형 회전교차로 1호 모델'로 만들려 했으나, 일부 시의원들과 지역 일각에서 "혼잡이 더 심해질 것", "보행자 안전이 위협받을 것"이라는 우려를 강하게 제기했다.

용역 결과에 대한 오해와 불신, 예산의 투명성 문제, '사업 강행'이라는 정치적 프레임이 겹치면서 논란은 커졌다. 예상 밖이었다. 결국 나는 시민의 혼란을 최소화하기 위해 의료원 사거리의 설치를 '후순위로 미루는 결정'을 내려야 했다. 대신 호수공원 사거리를 시범지로 선정해, 설계와 실증을 먼저 거친 뒤 확대하기로 한 것이다. 당초 의료원 사거리의 회전교차로 계획은 사고 예방과 보행 안전을 위한 과학적 근거 위에 세워졌다. 이 구간은 최근 3년간 25건의 교통사고가 발생한 사고다발 지역이었다. 계획안에는 우회전 전용차로, 고원식(高原式) 횡단보도, AI 스마트 보행안전장치, 야간 발광형 교통안전시설이 포함되어 있었다. 이는 단순한 구조 변경이 아니라 '사람 중심의 교통안전 재설계'였다.

하지만 교통이란 논리보다 감정의 영역일 때가 많다. 새로운 제도에 대한 낯섦, '변화'에 대한 불안이 반대의 언어로 나타났다. 일부 시민과 운전자들은 "회전교차로는 혼란스럽다", "양보 원칙이 지켜지지 않는다"라는 불만을 표했다. 시에서는 논란 속에서도 '소통'으로 답했다. 회전교차로의 원리와 효과, 통행 방법을 시민들에게 알리기 위해 SNS, 카드뉴스, 동영상, 리플릿, 현장 안내판을 총동원했다. 시는 AI 기반 스마트횡단보도와 보행자 감지센서 시스템을 병행 설치하여, 차량뿐 아니라 보행자의 안전을 동시에 확보한다는 방침을 내세웠다.

현재 서산시는 둔당사거리(2024.3 준공)와 호수공원 사거리

(2025.9 준공)를 시작으로 회전교차로를 설치했고, 2026년도 이후에는 산동사거리, 향교오거리, 삼일상가 사거리, 석림사거리(서산의료원 앞), 본병원 앞 사거리 등 8개소로 확대할 계획이다. 각 지점은 교통량, 사고율, 주변 보행환경을 종합 분석해 우선순위가 정해졌다. 그러나 이 순위는 향후 행정여건 및 시민의 의견수렴과정에서 조정될 수 있다.

서산의 회전교차로는 단지 '도로 설계의 변화'가 아니다. 그것은 도시의 사고방식이 바뀐다는 신호였다. 신호등이 지배하던 횡적 질서에서, 서로 양보하며 도는 원형의 질서로– 서산은 그렇게 도시의 교통을 '선(線)'에서 '원(圓)'으로 바꾸어가고 있다.

2025년 12월 현재, 호수공원 회전교차로는 시민들의 큰 호평 속에 안정적으로 운영 중이다. 일각에서는 공사 시작 전부터 예산낭비이고 효과가 없을 거라며 부정적 프레임을 씌우기도 했지만 시행되면서부터 이런 부정적인 얘기는 쏙 들어갔다. 칭찬일색. 멈출 일 없이 물 흐르듯 교차로를 지나게 되어 너무나 좋다는 반응들이었다. 게다가 깔끔해진 경관과 보행자 안전까지 개선되어 1석 3조라는 평가가 줄을 이었다. 회전교차로를 강력 추진했던 나로서는 뿌듯함이 배가되었음은 물론이다. 그 원의 중심에는 흐름의 미학과 기술의 배려, 그리고 시민의 동의가 함께 놓인 것이다. 도시는 비로소 숨을 고르고, 차와 사람이 조화롭게 공존하는 길 위의 평화를 맞이하게 되었다.

도시는 돌고 돈다. 그러나 서산의 원(圓)은 멈추지 않는다. 그 중심에는 사람, 그리고 시민이 있다.

"길을 잃는다는 것은 곧 새로운 길을 찾는 것이다."

– 도스토옙스키

3.

부산행 시외버스 노선 신설

새벽의 첫 버스가 숨을 고를 때
길은 어김없이 사람의 하루를 깨운다.
기다림은 이슬처럼 고요히 내려앉고
그 위에 쌓인 세월은 마침내 꽃이 된다.
한 장의 승차권은 단순한 종이가 아니고
누군가의 희망을 싣고 건너가는 작은 배다.
서산의 길 위에는 지금
그 희망이 바람처럼 번지고 있다.
버스가 달리는 만큼
도시는 더 따뜻해지고
사람의 삶은 더 멀리 이어진다.

수도권과 영남권을 잇는, 8년의 기다림 끝에 핀 결실

길은 사람의 삶을 잇는 실핏줄이다. 그 위를 달리는 버스 한 대, 그 버스를 기다리는 정류장 하나가 누군가에게는 출근의 시작이고, 누군가에게는 고향으로 돌아가는 안도의 순간이다. 서산은 이 '길의 온기'를 시민 모두가 누릴 수 있도록 묵묵히, 그러나 꾸준히 교통복지의 새 길을 닦아왔다. 꽃이 피는 데는 시간이 필요하다. 가야 할 길이 멀어도, 멈추지 않으면 언젠가는 닿는다. 그 오랜 기다림의 끝에서, 서산은 마침내 새로운 길 위에 섰다. 새벽 공기를 가르며 출발선에 선 버스, 그 위에 실린 것은 단지 사람의 발걸음이 아니라 희망이라는 두 글자였다.

2025년 5월 1일 아침 8시 55분, 서산공용버스터미널의 플랫폼 위에는 봄 햇살보다 따뜻한 감동이 피어 있었다. 서산과 부산을 잇는 시외 직행버스가 첫 운행을 시작한 것이다. 총 395.5km의 거리, 5시간의 여정, 42,000원의 요금. 이 단순한 수치의 이면에는 8년이라는 긴 시간의 기다림과 도전이 스며 있었다. 그날 나는 김영호 건설교통국장, 안성민 교통과장, 허선영 팀장과 함께 터미널 현장을 찾았다. 충남고속 남대현 기사님이 건넨 꽃다발 한 다발은 그간의 시간과 노력을 향기롭게 감싸 안는 결실의 상징처럼 느껴졌다. 출발 신호와 함께 미끄러지듯 도로를 달려 나가는 버스를 향해 우리는 진심 어린 손인사를 보냈다. 그 순간, 서산의 하늘에는 말없는 감동이 번져 있었다. 8년을 거쳐 마침내 열린 길, 이 길은 결코 하루아침에 열린 길이 아니다.

2017년 5월, 운수회사에 처음 건의했을 때 돌아온 답은 '불가'였다. 이듬해 3월, 다시 문을 두드렸지만 결과는 같았다. 그러나 나는 멈추지 않았다. 민선8기 시장으로 복귀한 뒤, 2022년 8월 충남고속과 다시 협의에 나섰다. 그해 11월, 국토교통부의 문을 또다시 두드렸다. 하지만 수익성, 탑승률, 노선 중복 등의 현실적 한계는 여전히 높은 벽이었다.

그래도 포기하지 않았다. 콩나물 시루에서 물은 새어도 콩은 자란다 하지 않던가. 그동안의 시도와 노력들이 조금씩 결실을 키워가고 있었다.

그래서 발상의 전환을 시도했다. '고속'이 아닌 '직행', '신규'가 아닌 '노선 연장'. 그 한 걸음의 전략적 변화가 마침내 운명을 바꾸었다. 2025년 3월 19일, 국토교통부는 "당진-부산 노선의 시점을 서산으로 연장한다"는 최종 승인을 내렸다. 그날은 결실의 날이었고, 5월 1일은 그 결실이 시민의 발걸음이 되어 도로 위를 달리는 날이 되었다. 서산에서 부산까지, 희망으로 향한 길. 부산 직행노선 개통은 민선6기 시절 개통한 대구(2016년 3월 17일), 광주(2016년 12월 19일) 노선에 이어 서산이 남부 주요 도시와 직접 연결되는 세 번째 길이다. 그러나 이 길은 단순히 거리를 잇는 도로가 아니다.

한 장의 승차권이 시민의 권리와 도시의 품격을 바꾸는 시대, 서산은 그 변화를 스스로 이끌어낸 것이다. 이런 결실을 얻기까지에는 교통과 안성민 과장과 허선영 팀장의 공로가 컸다. 나는 이 8년의 여정을 지켜보며 배웠다. 행정은 결국 사람의 끈기와 시간의 신뢰로 완성된다는 것을. 한 번의 실패는 끝이 아니라, 다음 도전의 씨앗이 된다는 것을. 그래서 오늘의 부산행 버스는 단순한 차량이 아니라, 서산의 인내와 의지를 싣고 달려가는 희망의 상징이었다. 서산의 교통, 더 가까이 더 촘촘히 시외버스 노선이 넓어졌다면, 도시 내부의 교통망은 더욱 촘촘해져야 한다.

버스 한 대의 출발이 도시의 철학을 말하듯, 이 날의 직행버스 개통은 행정이 시민을 향해 얼마나 진심인지를 보여주는 순간이었다. 서산은 이제 더 멀리, 더 깊이, 그리고 무엇보다 시민의 꿈이 닿는 곳까지 달릴 것이다.

“도시가 사람을 향해 설계될 때,
그 길은 단순한 도로가 아니라 ‘삶의 무대’가 된다.”

4.

수요응답형DRT 행복버스 – AI가 부르는 '찾아가는 교통복지'

버스는 오래도록 기다림의 이름이었다
누군가는 금세 타고,
누군가는 한참을 서 있었다
외곽의 노인들은 고립을 배우고
도심은 늘 먼저 도착했지만
이제 길이 달라진다
기다림이 아니라 찾아감으로
디지털의 손끝에 따뜻한 숨을 실어
버스가 시민에게 먼저 다가선다
행복은 멀리서 오지 않는다
함께 달려오는 한 대의 버스에서 시작된다

나는 늘 자문했다. "모두가 편리하게 이동할 수 있는 도시야말로 진정한 도시다." 그러나 현실은 이상과 거리가 있었다. 중심지에서는 버스가 10분 간격으로 오가지만, 외곽 마을에서는 한참을 기다려도 버스를 보기 어렵다. 특히 노인 인구가 많은 교통 소외지역은 불편을 넘어 사실상 고립 상태에 가까웠다. 그 문제의식에서 출발해 시는 '서산형 수요응답형 대중교통 서비스', 곧 행복버스를 도입하기로 결심했다. 이 버스는 단순한 이동수단이 아니라 시민의 '이동할 권리'를 되찾아주는 새로운 실험이었다.

행복버스는 대산읍, 해미면, 고북면 등 기존 시내버스 노선의 사각지대를 중심으로 도입됐다. 대산과 해미는 터미널이 있어 시범 운영의 거점으로 적합했고, 고북면은 해미와 인접해 운영 범위를 확장하는 데 용이했다. 초기에는 카운티 일렉트릭 전기버스 8대를 투입해 오전에는 기존 노선을, 오후에는 실시간 호출 방식을 병행하는 복합 운영체계를 마련했다. 2025년 2월 정식 운행이 시작되면서는 AI 기반 DRT 플랫폼 '셔클(Shucle)'을 도입하여 앱이나 전화(1533-0777)로 목적지를 예약하면 AI가 자동 배차하는 시스템을 구축했다. 호출은 2시간 전부터 가능하고, 마감은 오후 7시까지로 했다.

운행 시간도 지역 특성에 맞게 최적화했다. 대산읍은 오후 12시부터 오후 8시까지(호출 마감 7시), 해미와 고북은 오후 1시부터 오후 8시까지(호출 마감 7시) 운영했다. 주요 환승 거점으로는 대산공영터미널과 해미 버스승강장을 지정했고, 지역 경로당 74곳을 가상 승강장으로 설정하여 노인과 교통약자도 쉽게 이용할 수 있도록 했다.

이 사업은 단순한 기술 행정이 아니라 '사람 중심의 디지털 포용행정'이었다. 디지털 기기에 익숙지 않은 어르신들을 위해 현장 안내 도우미를 배치하고, 읍면사무소와 연계해 전화 예약을 돕는 중계 서비스도 마련했다. 차량 내부는 저상형 자동 스텝, AI 음성안내, 전기차 저소음 기능 등으로 설계되어 노약자와 장애인에게 적합한 환경을 제공했다. 이어 2025년 10월 13일부터는 전국 최초로 DRT 전용 전기차 'CV1 셔틀' 4대를 추가 도입하여 전면 전동화 체계를 갖췄다. 이 차량은 현대차 ST1 샤시캡 기반의 11인승 PBV로, 농어촌 도로 환경에 맞춘 골목 진입성과 회전 반경에서 강점을 지녔다.

행복버스는 단순한 교통정책이 아니라 곧 복지정책이었다. 이동권은 인간의 기본권이기 때문이다. 시는 1년간 시범 운영을 통해 보완점을 찾고, 완성도 높은 서산형 대중교통 모델로 발전시키고자 했다. 실제로 데이터 분석을 바탕으로 호출 밀도가 높은 구간에 차량을 재배치하고, AI 배차 알고리즘을 고도화한 결과, 대산읍의 버스 접근율은 시행 전보다 62%, 해미는 48%, 고북은 55% 향상되었으며, 교통사고·고립 신고 건수도 크게 줄었다.

무엇보다 이 사업은 교통의 패러다임을 바꾸었다. '시민이 버스를 기다리던 구조'에서 '버스가 시민을 찾아가는 구조'로 전환한 것이다. 낮은 인구밀도 지역의 효율성을 높였을 뿐 아니라, 기존 노선이 닿지 않던 의료시설·시장·공공기관 접근성도 크게 개선됐다. 변화는 시민들의 일상에서 증명됐다. "병원 가는 길이 훨씬 수월해졌어요." "경로당 모임에 나가는 게 한결 편해졌습니다." 이런 말들이 마을마다 울려 퍼질 때마다, 나는 그 길의 시작이 결코 헛되지 않았음을 확신했다.

행복버스는 단순한 교통수단이 아니다. 그것은 '이동'을 복지의 영역으로 확장한 서산시의 포용 철학이며, 디지털 기술을 행정에 녹여낸 사회적 혁신이다. 모든 길이 결국 사람을 향해야 한다는 믿음, 그 믿음이 '행복버스'라는 이름으로 서산에서 현실이 되었다.

"기다림을 덜어 주는 것은 기술이지만,
사람에게 먼저 다가가는 것은 마음이다.
도시는 그 마음을 버스 한 대에 실어
가장 느린 곳부터 따뜻하게 밝힌다."

5.

특별교통수단 24시간제 – 밤길까지 책임지는 이동복지

밤이 깊어도 길은 멈추지 않았다
누군가는 병원으로, 누군가는 생업으로
어둠 속에서도 삶은 계속 흘렀다
그때 손을 내밀어 준 차 한 대
그것이 복지였고 행정의 마음이었다
도시는 잠들어도 행정의 바퀴는 멈추지 않는다
그 바퀴가 누군가의 하루를 다시 움직인다

서산의 교통복지는 단지 낮의 문제가 아니었다. 늦은 밤, 휠체어를 탄 장애인이 병원으로 이동해야 할 때, 임산부가 진통으로 응급실을 찾아야 할 때, 버스가 다니지 않는 시각의 길은 너무도 멀고 두려웠다. 이러한 현실을 바꾸기 위해 서산시는 교통약자 이동권 보장을 핵심 과제로 삼았다.

서산시의 특별교통수단은 중증 보행장애인, 65세 이상 노약자, 임산부 등 교통약자를 위한 노란색 특수 승합차로 운영된다. 차량에는 휠체어 슬로프와 자동 리프트가 장착되어 있으며, 휠체어 이용자도 안전하게 탑승할 수 있도록 설계되어 있다. 2024년 3월부터는 운행시간과 운행지역이 대폭 확대되었고, 2025년 3월 10일부터는 24시간 상시 운행 체계로 전환되었다. 이제 시민들은 심야나 새벽에도 이동 걱정을 덜 수 있게 된 것이다.

특별교통수단은 서산시 교통약자 이동지원센터(041-665-1111)와 충남광역이동지원센터(1644-5588)를 통해 이용 등록과 배차를 받을 수 있다. 신청자는 사전에 등록 후 전화로 목적지를 알리면, 가장 가까운 차량이 자동 배차된다. 이용요금은 관내 2km까지 1,400원, 이후 1km당 130원씩 추가, 최대 2,800원이며, 관외 이용은 1km당 260원이다. 이용자 부담을 최소화하기 위해 서산시는 차액을 시비로 보전하고 있으며, 병원 진료나 사회활동 등 필수 이동에는 우선 배차가 적용된다.

2024년 7월부터는 휠체어 이용자 외에도 비휠체어 장애인, 임산부, 고령자 등을 위한 '나누리 바우처택시'가 추가 도입되었다. 교통약자가 전용앱이나 전화로 호출하면 일반택시가 연결되며, 이용자는 실비 수준의 요금만 부담한다. 이 서비스는 "장애가 없더라도 이동의 어려움이 있는 사람들 모두가 복지의 대상"이라는 시의 철학을 실천한 결과였다. 실제로 시범운영 기간 동안 바우처택시 이용 건수는 월평균 3,000건을 넘어서며, 교통약자들의 접근성이 획기적으로 향상되었다.

특별교통수단의 운영은 '서산시 특별교통수단 등의 운영에 관한 조례'에 근거를 두고 있다. 이 조례는 2025년 8월 일부 개정되어 운영위원회 구성, 이용 대상, 배차 기준, 요금체계, 운행시간 등의 세부사항을 명확히 규정했다. 또한 긴급 상황 대응을 위한 예비차량 운영, 정비 주기, 안전교육 의무화 등도 추가되어 제도적 완성도를 높였다. 행정은 이를 통해 "단순한 운송이 아닌 복지 서비스로서의 이동 지원"이라는 방향을 확고히 했다.

2025년 12월 현재 서산시는 특별교통수단 18대, 해누리 바우처택시 5대를 운영하고 있으며, 향후 점진적으로 확대 운영할 예정이다. 차량은 GPS 기반의 실시간 관제 시스템으로 운영되어, 배차 효율을 높이고 이용자 대기시간을 평균 15분 이하로 줄였다. 모든 차량에는 블랙박스, 비상호출 버튼, 자동위치전송장치(GPS)가 장착되어 있으며, 긴급상황 발생 시 센터에서 즉시 구조 대응이 가능하다.

특별교통수단은 '길 위의 안전망'이라 할 수 있다. 휠체어를 탄 노부부가 병원으로 향하고, 시각장애인이 봉사활동을 나가며, 임산부가 안심하고 진료를 받는 그 모든 길 위에, 노란색 차량 한 대가 안전한 친구가 되어준다. 낮과 밤의 구분 없이 달리는 그 차는 단순한 교통수단이 아니라, 누군가의 하루를 지켜주는 복지의 손길인 것이다.

서산시는 앞으로도 교통약자의 이동권을 행정의 최우선 가치로 둘 것이다. 차량 증차와 함께 인공지능 배차시스템 도입, 비상대응 체계 강화, 안전보조장치 보급 등 세부 개선을 단계적으로 추진할 예정이다. 이동할 수 있는 권리, 그것은 곧 살아갈 수 있는 권리다.

"길이 있다는 건 곧 삶이 이어진다는 뜻이다.
서산의 특별교통수단은 그 길 위에서,
멈춘 일상을 다시 달리게 했다."

6.

서산~대산 교통정체 해소의 길

(국도29호선)

길은 열려 있어도 시간은 자주 막혔다
서산과 대산을 잇는 한 줄기 도로 위에서
출퇴근 때 수많은 차량은 지루함이 쌓이고
수많은 시민의 시간이 흐르지 못했다
누구나 "이번엔 달라지겠지"라 말했지만
길은 늘 같은 자리에서 멈춰 있었다
그래서 나는 결심했다
이 길을 단순한 도로가 아니라
사람의 시간을 되돌려주는 길로 다시 짜겠다고
정체의 매듭을 풀기 위해
일곱 갈래의 길을 동시에 열어
도시의 숨과 산업의 박동을 되살리겠다고
길은 결국 사람에게 돌아오기에
나는 그 약속을
포장이 아니라 실행으로 열기로 했다.

국도29호선 정체를 풀기 위한 일곱 갈래 길

국도29호선 정체 문제는 서산시의 고질적인 숙제였다. 서산에서 대산으로 향하는 도로는 산업과 시민의 숨길이자, 하루에도 수만 대의 차량이 오가는 도시의 생명선이었다. 그만큼 이 도로의 정체는 시민들의 불편을 넘어 산업의 경쟁력까지 갉아먹는 아픈 현실이었다. 그래서 선거 때마다 이 문제는 어김없이 단골 공약으로 등장했다. 누가 시장이 되든, 시민들은 "이번엔 꼭 해결되겠지"라며 기대했고, 그러나 결과는 언제나 비슷했다. 문제는 여전히 남아 있었고, 도시는 또다시 체증 속에서 하루를 시작했다.

나 역시 예외는 아니었다. 민선7기 시장 선거에서도 국도29호선 교통문제 해결을 공약으로 내세웠지만, 낙선으로 더는 손쓸 수 없었다. 그때 느꼈던 아쉬움과 미련은 오래도록 내 마음 한켠에 남았다. 매일 대산으로 출퇴근하는 시민들의 불편을 보면서 '이 문제만큼은 반드시 해결해야 한다'라는 다짐을 마음속 깊이 새겼다. 도로 개설은 긴 시간이 필요한 일이다. 기본계획 수립에서부터 타당성 조사, 중앙부처 협의, 예산 확보, 공사 설계와 착공까지 짧게는 5년, 길게는 10년 이상이 걸리는 사업이다.

그 과정에서 행정의 속도를 체감하기 어려운 시민들은 "말만 하고 일은 안 한다"라는 오해를 하기도 한다. 나 역시 그런 원망을 여러 번 들었다. "국도29호선 문제도 해결 못 하면서 다른 데만 신경 쓴다." 그런 말이 들릴 때면 마음이 무겁고 억울하기도 했다. 하지만 나는 알고 있었다. 길은 말로 여는 게 아니라, 시간과 계획, 그리고 끈기로 여는 것임을. 그래서 민선8기 시장으로 다시 돌아온 그날부터 나는 이 과제를 공약이 아닌 사명(使命)으로 품었다.

국도29호선은 단순한 한 줄기 도로가 아니다. 그 길은 대산 석유화학단지로 향하는 산업의 혈관이자, 시민이 출근하고 퇴근하며 하루를 버텨내는 생활의 통로다. 그렇기 때문에 '교통정체 해소'라는 말은 사실 "사람의 시간을 돌려준다"라는 말과 같다. 나는 민선8기에 들어서면서 국도29호선을 둘러싼 교통 문제를 도로 한 곳의 문제가 아니라 도시 전체의 순환 구조 문제로 보았다. 그래서 한 곳만 찔러보는 임시 처방이 아니라, 동시에 엮이는 일곱 개의 대책을 잡았다. 나는 이것을 '서산 교통혁신 7대 프로젝트'라 부른다.

이제 그 일곱 가지를 있는 그대로 적어본다.

지능형 감응신호(ITS) 및 출퇴근 전용 특별신호 운영
– 도로를 새로 열기 전에, 시간을 먼저 되찾다

나는 길을 닦는 일만큼 신호를 다루는 일이 중요하다고 믿는다. 대산 지역은 짧은 구간 안에 신호 교차로가 촘촘히 몰려 있다. 신호 체계만 바꿔도 체감 속도는 완전히 달라진다. 2023년 8월 1일, 서산시는 출퇴근 전용 특별신호 운영을 시작했다. 출근(04:40~08:30)·퇴근(15:00~19:30) 시간에는 직진 신호를 최대 40초 늘려 핵심 방향의 흐름을 우선적으로 풀었다.

이어 총사업비 29억 1,300만 원(국비 63%, 시비 37%)의 지능형 감응신호(ITS) 시스템을 도입했다. 충남 최초로 국토교통부 공모사업에 선정되어 서산~대산 구간 37개 교차로에 설치하여 2025.11.11부터 전면시행 중이다. 이 시스템은 차량이 없을 때는 불필요한 적색신호를 생략하고, 차량이 몰린 방향에는 직진 흐름을 최대로 확보한다. 신호가 스스로 판단해 반응하는 '똑똑한 교통망'이다. 이 사업은 단순한 기술이 아니다. 시민이 직접 체감할 수 있는 "변화의 첫 신호"이며, 서산이 달라지고 있다는 확실한 증거다. 이용하는 사람들의 증언과 감응신호 성과보고회(12.9)에서는 10분에서 30분까지 빨라졌다는 보고가 나왔다. "출퇴근 시간이 짧아져 통근 버스에서 잠자던 시간이 30분 이상 줄어들어 잠이 부족하다"는 행복한 푸념의 문자까지 보내올 정도로 출퇴근 시간을 획기적으로 앞당긴 것을 시민들이 체감하고 있다는 것이다.

이는 개인별로 볼 때 10분, 30분이지만, 그 길을 달리는 수만 대의 차량들의 소요시간 단축을 합산해서 본다면 어마어마한 생산성을 가져온 것으로 평가될 수 있다.

도시는 체감에서 신뢰가 생기고, 신뢰 위에서 다음 투자가 허락된다. 이 ITS 사업은 서산 교통혁신의 전주곡(前奏曲)이다.

누군가는 말한다. "우회도로 하나 빨리 뚫으면 되지, 왜 이렇게 많이 벌이느냐"라고. 하지만 도시의 교통은 한 가지만 손봐서는 풀리지 않는다. 한 곳을 넓히면 다른 곳이 병목이 된다. 이건 물길과 같다. 둑을 한 군데만 터주면, 다른 곳이 넘친다. 그래서 시에서는 흐름 전체를 다시 설계했다. 산업 물류의 길, 생활권의 길, 외곽 순환의 길, 도심 분산의 길, 신호 체계의 길까지. 이 일곱 갈래 길은 따로 존재하는 것이 아니라 서로 맞물려 돌아가는 하나의 몸통이다.

나는 이 사업들을 단순한 '교통정체 해소'가 아닌, 서산의 미래 골격을 새로 세우는 일로 본다. 산업의 도시로만 남을 것인가, 사람의 도시로도 성장할 것인가. 그 질문에 대한 나의 대답이 바로 '서산 교통혁신 7대 프로젝트'다. 길은 결국 사람에게 돌아온다. 그리고 그 길은, 약속으로만 남지 않고 실제로 열릴 때 비로소 진짜 '길'이라 부를 수 있다. "길이란, 단순한 포장이 아니라 사람의 시간과 도시의 꿈을 잇는 선(線)이다."

국도38호선 확포장 사업
– 산업의 대동맥을 넓히는 일

국도38호선은 대산읍 독곶리(독곶1교차로)에서 명지사거리까지 이어지는 4.31km 구간이다. 지금까지는 2차로였다. 문제는 단순하다. 이 구간은 대산석유화학단지로 드나드는 물류차량과 출퇴근 차량이 동시에 몰리는 길이다. 한 줄로 겨우 빠져나가야 하는 병목 구간이 하루에도 여러 번 생긴다. 사고라도 나면 한순간에 도로 전체가 멈춘다. 이건 시민의 불편을 넘어 국가적 손실이다. 대산은 국가 경제의 전략 기지이기 때문이다.

그래서 이 구간을 2차로에서 4차로로 확장하는 사업을 본격 추진하고 있다. 총사업비는 598억 원 규모다. 사업은 대전지방국토관리청과 협력 구조로 추진 중이며, 2030년 12월 완공을 목표로 하고 있다. 이 일정은 느린 것이 아니라 현실적인 것이다. 국도는 지방도로와 달리 국가 간선망이기 때문에 노선 지정, 용지 보상, 실시설계, 교차로 조정, 기반시설 이전 등 거쳐야 할 단계가 훨씬 까다롭다.

국도38호선 확장은 단순한 차선 늘리기가 아니다. 서산 쪽과 대산 쪽 사이의 산업 동맥을 넓혀 물류의 흐름을 안정시키는 일이며, 동시에 시민의 출퇴근 시간을 줄여 일상의 피로를 덜어주는 일이다. 나는 이 도로가 결국 "산업을 위한 길"이면서도 "삶을 위한 길"이 될 것이라고 믿는다.

국도29호선 우회도로 신설
– 대산 도심의 숨통을 트게 하는 우회 혈관

대산으로 들어가는 국도29호선은 지금 그대로의 상태로는 한계가 분명하다. 차량이 모두 한 방향으로 몰린다. 그 길 위에는 통근차, 통학차, 대형 화물차, 탱크로리, 긴급차량까지 뒤엉켜 있다. 이 구간은 "시간대에 따라 막힌다"가 아니라 "시간대를 가리지 않고 막힌다"라는 표현이 맞다. 이 구조를 근본적으로 풀기 위한 해법이 바로 국도29호선 우회도로다.

서산시는 이 노선을 완전히 새로 뚫기 위한 용역을 민선8기

초기에 직접 발주했다. 이것은 상징적으로 아주 중요한 일이다. 말만 한 게 아니라 행정의 첫 단추부터 직접 끼웠다는 뜻이기 때문이다. 2023년 6월 23일 "국도29호 교통정체 해소를 위한 도로개선 연구용역" 착수보고회를 가졌다. 구간은 영탑리에서 대산리까지 총 연장 4.28km이고, 폭은 20m, 4차로 기준이다. 총사업비는 약 863억 원 규모로 설정했다. 이 용역은 단순한 기술 검토가 아니다. 국토교통부의 제6차 국도 · 국지도 5개년 계획(2026~2030)에 이 사업을 반영시키기 위한 정식 근거자료를 만드는 절차다.

쉽게 말하면, '도시가 이 길을 꼭 필요로 한다'라는 것을 국가의 계획 문서에 새기는 일이다. 이걸 못 하면 예산도, 공사도 존재하지 않는다. 이걸 하면 길은 공식 의제가 되고 중앙정부가 책임지는 국가사업으로 커진다. 결국 이 노선은 2024년 1월 기획재정부의 일괄예타 대상에 선정되었다. 이것은 우연히 된 일이 아니다. 서산시에서는 충남도, 국토부, 대전지방국토관리청을 수차례 찾아가 '대산은 단순한 읍(邑)이 아니라 국가 에너지·석유화학의 전초기지'라는 점을 설명했고, 정체가 단순 민원 수준이 아니라 국가 경쟁력의 저하 요인이라는 점을 근거로 풀어냈다.

2025년 4월 30일 "KDI(한국개발연구원)의 제6차 일괄예타 충청권역 현자조사 계획"에 따라 현장실사팀(KDI 6명, 대전지방국토관리청 3명, 충남도 3명)이 현장조사를 실시했다. 이날 나는 직접 현장에 나가 이 도로가 한 지역의 편의를 넘어 국가 산업 경쟁력과 직결된 길임을 설명했다. 국도29호선 우회도로의 의미는 분명하다. 대산 시가지로 모든 차가 빨려 들어가지 않게 하는 것, 즉 숨통을 틔우는 우회 혈관을 새로 만드는 것이다. 이 길이 열리면 대형 물류차량의 상당수가 도심을 거치지 않고 산업단지로 곧바로 진입할 수 있다. 그것은 곧 시민의 신경질을 덜고, 안전을 높이며, 도심 생활환경을 회복하는 일이다. 시민 입장에서는 '편안하고 안전한 하루', 기업 입장에서는 '더 예측 가능한 물류 동선'이 된다.

국도32호선 우회도로 신설
– 교통 흐름을 도시 외곽으로 돌려 서산 전체를 순환시키는 길

국도32호선 우회도로는 성연면 일람리에서 인지면 차리까지 이어지는 구간, 연장 5.63km 규모다. 총 사업비 1,668억 원, 4차로 규모로 설계 중이다. 이 노선은 단순한 보조도로가 아니다. 서산 도심과 산업단지, 외곽을 하나의 순환망으로 묶는 전략 노선이다. '길을 넓혀서 푸는' 방식이 아니라 '길을 나누어서 푸는' 방식이다. 이 도로는 국도29·38호선, 지방도649호선과 연결되어 교통 흐름을 여러 방향으로 분산시킨다. "한 곳이 막히면 끝"이었던 구조를 "어디선가 막혀도 흐른다"는 구조로 바꾸는 것이다. 이 노선이 완성되면 서산 전역의 산업·생활·물류 동선이 간섭 없이 순환할 수 있게 된다. 나는 이것을 단순한 '정체 해소'가 아니라 "도시의 내구성을 높이는 일"이라고 부른다.

지방도649호선 확포장

2023년 12월 19일, 나는 충남도청을 방문해 김태흠 도지사에게 지방도649호선(잠홍삼거리~명천교차로, 5.47km)의 4차선 확장사업을 요청했다. 국도29호선 정체를 분산시키기 위한 필수 도로였기 때문이다. 당시 나는 출퇴근 시간대 교통체증을 촬영한 드론 영상을 태블릿으로 보여드리며 설명했고, 김 지사는 "적극 지원하라"고 즉시 지시했다.

그 결과, 충남도와 함께 총사업비 697억 원 규모로 사업이 추진 중이며, 2025년에는 "서산~명천 도로건설공사 기본 및 실시설계용역"이 발주되었다. 음암면 부산리에서 성연면 명천리까지 4km 구간, 2031년 완공을 목표로 하고 있다.

이 도로는 단순한 생활도로가 아니라 대산~서산~고속도로로 이어지는 산업 회랑(回廊)이다. 대형 화물차와 위험물 운반 차량이 도심을 우회하게 되어 시민의 안전이 강화된다. 이 길은 서산의 산업과 주거가 공존하기 위한 최소한의 안전벨브다.

이 도로가 열리면 대형 화물차와 위험물 운반 차량이 한꺼번에 시가지로 몰리는 현상이 완화된다. 결국은 시민의 안전 문제와도 직결된다. 서산시는 단순히 빨리 가는 길만을 원하지 않는다. 안전하게 돌아나갈 수 있는 길, 도시가 감당 가능한 길, 그 길을 원한다. 지방도649호선 확장은 그런 의미에서 서산의 산업 구조와 주거 구조가 무리 없이 공존하기 위한 최소한의 안전밸브라고 할 수 있다.

기은리~오지리 연결도로 개설
– 대산의 일상을 바로 잇는 생활형 숨길

국도38호선이 '큰 동맥'이라면, 기은~오지 연결도로는 모세혈관이다. 이 도로는 시도12호선에서 국도38호선으로 직접 연결해주는 2.63km의 생활형 연결축이다. 총사업비는 약 189억 원 수준이며, 2026년 12월 준공을 목표로 단계별로 추진 중이다.

"멀리 돌아가지 말고, 바로 이어주자." 이 길은 대산 주민과 산단 근로자의 생활 이동을 가깝고 효율적으로 이어주는 생활형 연결축이다. 도시는 간선도로만으로 움직이지 않는다. 사람은 생활도로를 통해 숨 쉬며 살아간다. 나는 그 숨길을 열어주는 것이 행정의 본질이라 믿는다.

안산근린공원 인근 도시계획도로 개설
– 대산 교통 분산의 마지막 퍼즐을 채우는 길

대산 도심에서 교통체증이 가장 심한 곳 중 하나가 안산근린공원 인근 구간이다. 이곳은 도심 진입과 생활권 이동이 겹쳐 사고 위험이 높은 지역이다. 그래서 '대산중로1-27호' 도시계획도로를 신설한다.

총사업비 150억 원(보상비 60억, 공사비 90억)으로, 2025년 현재 보상률은 95%를 넘었다. 2026년 착공, 2027년 12월 완공을 목표로 한다. 이 도로는 단순한 '동네길'이 아니다. 국도29호선에서 빠져나온 차량과 대산 읍내 상업·생활 동선을 분리시키는 결절점이다. 도시의 퍼즐을 완성하는 마지막 조각이 바로 이 길이다.

이상의 일곱 가지 사업들이 완공되면 대산으로 이어지는 국도29호선의 정체현상은 옛날이야기가 될 것이다.

"길을 닦는다는 것은 땅을 여는 일이 아니라,
사람의 시간을 되돌려 주고
도시의 내일을 앞당겨 놓는 일이다."

대산 공단
공단 진입로의 용량을 늘리고,
신규 진입로 개설로 교통량을 분산
2 38호선 확포장
명지사거리
대산읍
대산읍 행정복지센터
기은~오지 연결도로
3 29호선 우회도로
우회로 개설로 기존 29호선
상습 정체를 해소
4 안산근린공원 옆 도시계획도로
지곡면
지곡면
행정복지센터
인더스밸리
오토밸리
성연면
명천교차로
외곽순환도로망을 구축하여 시
중심부의 부하 및 병목현상 해소
고남저수지
성연면
5 32호선 우회도로
일람교차로
6 지방도 649
팔봉면
부춘동
동문동
잠홍저수지
서산시청
인지면
풍전저수지

7.

서산시 상징 신청사 건립

부춘산의 숨결을 이마에 얹고
도시는 그 중심에 한 채의 뜻을 세웠다.
원은 하늘을, 방은 땅을, 각은 사람을 품어
삼원(三元)의 이치가 건물의 뼈를 이루었다.
태극의 조화로 열린 문은
과거와 미래를 한 줄로 잇고,
곡선과 직선이 교차한 외벽은
바람과 빛, 산과 바다의 결을 담아
도시의 얼굴이 되었다.
밤이면 원형의 빛이 부춘산과 청사를 잇고
그 아래를 걷는 시민은
스스로가 서산의 중심임을 깨닫는다.
이 건물은 청사가 아니라
서산의 정신이 숨 쉬는 집,
도시의 내일을 품은 하나의 상징이다.

원방각의 정신으로 도시의 혼을 세우다

새로운 신청사의 설계 철학은 '원방각(圓方角)'이라는 동양 건축의 근본 사유 위에 세워졌다. 원은 하늘을, 방은 땅을, 각은 사람을 뜻한다. 천지인(天地人)의 조화가 하나의 구조 속에 스며드는 것이다. 이는 겉모습을 꾸미는 도식이 아니라, 행정의 정신과 시민의 삶이 흐르는 방식을 건축적으로 재해석한 결과였다.

건물 중앙을 관통하는 시각축은 서산의 진산(鎭山)인 부춘산(富春山)을 정면으로 향한다. 마치 산의 정기가 청사 안으로 거침없이 흘러들도록 문을 열어둔 듯한 형태다.

나는 이 구도가 단순한 연출을 넘어, 도시가 자연과 호흡하며 성장해야 한다는 메시지를 담고 있다고 생각한다. "행정이 산의 기운을 받고, 시민이 그 에너지를 나눈다." 이것이 바로 새로운 청사의 설계 정신이자, 도시 경영의 철학이기도 하다. 이 원방각의 사유는 건축·철학·동양사상 등에 깊은 조예를 가진 조용진 교수님의 아이디어에서 출발했고, 그 사유를 빌려 당초 설계안을 한층 가치 있게 개선할 수 있었다.

관아의 품격, 태극의 조화

나는 전통과 현대를 억지로 병치하지 않고, 자연스럽게 이어지도록 건축의 언어로 풀어내고 싶었다. 외형은 과거 서산 관아의 관문(官門) 형태미를 모티브로 삼아 '도시의 품격'을 담았고, 중앙 관통형 구조는 태극(太極)의 조화에서 착안했다.

음과 양, 시민과 행정, 과거와 미래, 자연과 기술. 서로 다른 요소가 대립이 아닌 조화로 존재하는 '서산다움'을 설계 속에 새겨 넣은 것이다.

빛과 그림자, 바람의 결, 사람의 시선이 이 구조 안에서 교차하며 건물은 '살아 있는 건축'으로 완성된다. 시민이 청사에 발을 들이는 순간, 그들은 단순한 방문객이 아니라 '도시의 이야기를 함께 쓰는 공동의 주인공'이 된다.

차별화된 미학, 도시의 랜드마크로

수정된 신청사 설계안은 미학과 상징성이 결합된 '서산의 얼굴'로 자리 잡을 준비를 마쳤다. 곡선과 직선이 교차하는 파사드(외벽)는 부드러운 바람, 드넓은 바다, 우람한 산세, 투명한 빛-서산을 이루는 요소들을 건축적으로 형상화했다.

하늘에서 내려다보면 전체 형태가 하나의 거대한 '서산(瑞山)의 표상'처럼 보이도록 설계되었으며, 청사 앞 광장은 시민의 축제와 휴식이 만나는 열린 무대로 계획되었다.

밤이 되면 원형 조명 라인이 부춘산과 하늘을 잇는 장관을 연출한다. 그것은 마치 '빛으로 이어진 시민과 행정의 교감선'처럼 도시의 심장에 은은한 파동을 일으킨다.

스토리가 있는 청사, 이야기로 기억되는 도시

이번 설계 개선은 외형의 변화에 그치지 않았다. 나는 '스토리가 있는 신청사'를 만들고자 했다. 부춘산의 정기를 잇고, 관아의 전통을 되살리며, 태극의 조화를 담은 원형 구조는 시민들에게 서산의 역사와 미래가 공존하는 하나의 상징으로 기억될 것이다. 천지인의 원방각(圓·方·角) 삼원(三元) 사상이 녹아든 새로운 청사는 더 이상 철근과 콘크리트로 이루어진 건물이 아니다. 그것은 서산의 혼(魂)을 담은 살아 있는 유기체이며, 시민의 일상과 꿈, 그리고 도시의 시간을 품은 거대한 이야기다.

도시는 결국 그 도시의 청사를 닮는다. 서산의 신청사는 앞으로 이 도시가 지향하는 가치, 조화, 품격, 균형, 그리고 사람을 가장 먼저 말해주는 상징이 될 것이다.

"좋은 건축은 그 도시의 정신을 닮는다."

– 노먼 포스터(Norman Foster)

제3부

내일의 지도를 그리는 마음

8 내일로 가는 길목

1.

서산-영덕 고속도로 착공

서해와 동해를 잇는
200km의 꿈, 그 시작은 서산이었다
두 번의 좌절을 넘어
초부득삼의 뜻으로 문을 열고
학춤 한 자락에 염원을 실었다
다시 돌아와 네 번째 벽을 두드리자
길은 마침내 응답했다
25.36km의 숨결이 뻗어
산업과 삶을 잇는 대동맥이 되고
서산은 더 이상 끝이 아니라
대한민국을 여는 출발점이 된다.

고속국도 제30호선 서산-영덕 고속도로는 충청남도 서산시에서 경상북도 영덕군을 잇는 총연장 약 331km의 대규모 국가사업이다. 서해안과 동해안을 직선으로 연결하는 대한민국의 새로운 교통 대동맥, 그 거대한 길의 시작점이 바로 서산이다. 이 고속도로는 서해와 동해를 잇는 횡단 고속도로 체계의 핵심 축으로서 국가 균형발전과 물류 효율성 증대에 중추적인 역할을 하게 된다.

서해의 대산항과 동해의 영덕항을 하나로 연결하는 이 길은 국가 산업과 관광, 물류의 흐름을 바꾸어 놓을 전략적 인프라로 평가받고 있다. 특히 대산-당진 구간 25.36km 연장 사업은 우여곡절이 많았다. 2005년과 2009년 두 차례 예비타당성 조사에서 잇따라 탈락되며 사업은 표류했다. 그러나 민선 6기, 내가 시장으로 취임하면서 이 사업은 새로운 전기를 맞았다.

나는 "초부득삼(初不得三) – 처음 두 번은 안 되더라도 세 번째는 반드시 이루겠다"라는 각오로 예타 통과를 시정의 최우선 과제로 삼았다. 그 결의는 결국 현실이 되었다. 2016년 2월 3일, 많은 분의 노력으로 세 번째 예비타당성 조사가 마침내 통과된 것이다. 그날의 기쁨은 이루 말할 수 없었다. 나는 충남방송 인터뷰에서 "예타가 통과되면 시민과 그 기쁨을 함께 나누겠다"라며 특별한 춤을 추겠다고 약속했었다. 그리고 약속을 지켰다.

2016년 2월 3일, 해미읍성에서 학옷을 입고 학춤을 추며 그동안의 노고와 시민의 염원을 하나로 담아냈다. 그러나 나의 임기 이후 이 사업은 다시 멈춤의 길로 들어섰다. 추가로 나들목 두 곳과 쉼터 한 곳이 반영되면서 총사업비가 2,367억 원 증가했고, 이에 따라 네 번째 예비타당성 조사가 불가피해졌다.

나는 다시 민선 8기 시장으로 복귀해 이 숙원을 반드시 매듭짓겠다는 마음으로 또다시 도전에 나섰다. 그리고 마침내 2022년 11월 28일, 네 번째 예타가 통과되었다. 이로써 나는 운 좋게도 서산-당진 고속도로의 모든 예타 통과를 직접 이끌어 낸 시장이 되었다. 이런 결과를 만들어내기까지에는 지역 국회의원과 충남도, 그리고 서산시 공무원들의 열정어린 노력이 있었기 때문에 가능했다. 그 과정은 단순한 행정 절차가 아니라, 도시의 꿈과 나의 의지가 맞닿은 여정이었다. 돌이켜보면 이 길과 나는 참으로 묘한 인연을 맺은 셈이다. 결국 처음 시작한 내가, 다시 돌아와 그 결실을 맺었다. 그야말로 결자해지(結者解之)의 길이었다.

현재 공사가 진행 중인 대산-당진 구간은 총사업비 9,131억 원이 투입된 대형 프로젝트로, 서산시 대산읍 화곡리 반곡교차로에서 서해안고속도로 당진 분기점까지 이어지는 총 25.36km, 왕복 4차로 구간이다. 2030년 개통을 목표로 하고 있으며, 이 노선은 서산시가 사통팔달(四通八達) 물류 중심 도시로 도약하는 데 핵심적인 역할을 담당할 것으로 기대된다.

특히 '서산'이라는 이름이 들어간 최초의 고속도로라는 점에서 그 의미는 더욱 남다르다. 이제 서산의 이름은 국가 교통망의 지도로 새겨지고, 그 길 위에 서해안 시대의 새로운 역사가 펼쳐질 것이다. 서산-영덕 고속도로의 전체 노선 중 상당 부분은 이미 개통되어 운영 중이다. 대전-당진 구간과 청주-상주 구간은 기존 노선을 통해 활용되고 있으며, 포항–영덕 구간은 최근에 완공되어 2025년 11월 정식 개통되었다.

이제 남은 마지막 퍼즐이 바로 서산–당진 구간이다. 이 구간이 완공되면 수도권·서해안·동해안을 잇는 새로운 교통축이 완성되어 국가 물류체계의 효율성이 획기적으로 향상될 전망이다. 특히 이 도로는 서산 대산석유화학단지, 당진 제철소, 그리고 보령·태안 등 서해안 산업지대를 직결시키며 대한민국 제조산업의 주요 거점을 하나로 잇는 산업물류의 대동맥이 될 것이다.

원자재 공급과 제품 출하가 신속해지고, 서산을 비롯한 충남 서해안 지역은 명실상부한 서해 산업벨트의 중심축으로 자리매김하게 될 것이다. 또한, 동서를 잇는 새로운 교통망은 관광과 문화교류의 새 길을 열어줄 것이다. 서해의 갯벌과 동해의 푸른 파도가 하나의 여정으로 이어지고, 도시는 그 길 위에서 새로운 활력을 얻을 것이다.

서산–영덕 고속도로는 단순한 길이 아니다. 그것은 한 도시의 꿈이 땅 위에서 길로 이어진 서사(敍事)이며, 수많은 좌절과 도전 끝에 다시 일어선 끈질긴 희망의 기록이다. 그 길이 완성되는 날, 서산은 더 이상 서해의 끝이 아니라 대한민국을 가로지르는 출발점으로 빛날 것이다.

"길은 만들어지는 것이 아니라,

걸어가는 자의 의지 위에 생겨난다."

2.

서산 대산항 신규 항로 개설

서해의 물결에
처음 길을 그은 2010년,
대산항은 바다 너머를 꿈꾸기 시작했다
사드의 바람도, 팬데믹의 파도도
그 꿈을 꺾지 못해
위기 속에서 되레 더 깊게 숨을 골랐다
그리고 머스크의 거대한 선단이 들어오며
대산항은 세계로 열린 문이 되었고
북중국과 동남아를 잇는
해상 네트워크의 중심에 섰다
이제 화물과 여객이 함께 오가는
진정한 국제 관문항을 향해
대산항은 오늘도 바다와 도시를 잇는
문(門)을 조용히, 그러나 힘 있게 연다.

서산시 대산항의 국제항만 발전 비전은 2010년부터 본격적으로 시작되었다. 그해 11월, 서산 대산항과 중국 산둥성 룽청항 간의 항로 개설에 대한 최초 합의가 이루어지면서, 대산항은 단순한 국내 항만을 넘어 국제적 관문항(關門港)으로 향하는 첫걸음을 내디뎠다. 이 합의를 바탕으로 서산시는 국제여객터미널 건설에 착수했고, 2016년 5월, 마침내 대산항 국제여객터미널이 준공되었다. 이는 대산항이 국제 여객항로를 운영할 수 있는 핵심 인프라를 완비한 역사적 전환점이었다.

그러나 대산항의 국제화 여정은 결코 순탄치만은 않았다. 2016년 사드(THAAD) 사태로 인한 한중 갈등, 그리고 2020년부터 이어진 코로나19 팬데믹은 국제항로 개설 계획을 잠정 중단시키는 큰 시련이 되었다. 그럼에도 서산시는 멈추지 않았다. 해양수산부와 유관기관, 그리고 중국 항만 당국과의 긴밀한 협력을 이어가며 항로 개설을 위한 끈질긴 노력을 계속해왔다. 그 결과, 대산항은 위기를 이겨내며 다시금 성장의 물결을 타기 시작했다.

현재 대산항은 전국 항만 중 물동량 6위를 자랑하는 대한민국 서해안의 대표 항만으로 성장했다. 특히 2024년 2월, 세계 2위 해운기업인 머스크(Maersk)가 대산항에 2,500TEU급 컨테이너선 5척을 순환 투입하는 신규 정기항로를 개설하면서 대산항 발전사에 새로운 이정표를 세웠다. 이는 대산항에 입항한 역대 최대 규모의 컨테이너선으로, 대산항이 국제물류 중심지로 도약하는 확실한 발판이 되었다.

머스크사의 신규 항로는 중국의 다롄·톈진·칭다오, 인도네시아의 자카르타·수라바야, 그리고 필리핀의 다바오를 잇는 북중국-동남아시아 정기항로로 운영되고 있다. 이를 통해 대산항은 북중국과 동남아를 연결하는 핵심 거점으로 자리 잡았으며, 컨테이너 하역과 육상운송, 물류 서비스 산업 전반의 매출 증가로 이어지고 있다. 현재 대산항에는 머스크사를 포함해 총 4개 선사, 6개 국제항로가 운영되고 있다. 다양한 항로가 복합적으로 연결되며 대산항은 국제 해운 네트워크의 중심 허브로 빠르게 성장하고 있다.

서산시는 이와 동시에 여객항로 개설을 위한 노력을 지속하고 있다. 2023년 5월부터, 중국 산동항구항운그룹과의 실무 논의를 이어가며 서산-롱앤, 서산-웨이하이 항로 개설을 적극 추진 중이다. 이를 위해 여객항로 사업자 유치를 확대하고, 신조선 투입 요건 완화 등 다각적인 유인책도 마련하고 있다. 서산시는 대산항의 미래를 동북아 물류 거점으로 성장시키는 것을 장기 목표로 삼고 있다.

이를 위해 제4차 항만기본계획(2021~2030) 수정안에 대산항 발전비전을 적극 반영하고, 해양수산부·충남도 등 유관기관과의 협력을 강화하며 체계적인 발전 기반을 구축해 가고 있다. 화물 부문에서는 머스크사와의 성공적 협력을 기반으로 글로벌 선사 추가 유치와 신규 항로 확대를 추진하고 있다. 특히 북중국과 동남아를 잇는 국제 물류 벨트 강화를 통해 대산항이 동북아 해상물류의 중심 허브로 자리매김할 수 있도록 준비 중이다.

여객 부문에서는 현재 추진 중인 서산-룽앤 및 서산-웨이하이 항로의 성공적인 개설을 통해 대산항을 화물과 여객이 공존하는 복합항만으로 발전시킬 계획이다. 이 노력이 결실을 맺으면 대산항은 단순한 물류 항만을 넘어 한중 간 인적 교류와 관광 활성화의 관문이 될 것이다. 궁극적으로 서산시는 대산항을 통해 서해안 지역의 경제 활성화와 국가 경쟁력 강화에 기여하는 것을 목표로 하고 있다.

체계적인 계획, 지속적인 투자, 그리고 국내외 유관기관과의 긴밀한 협력을 통해 대산항이 명실상부한 국제 관문항, 그리고 대한민국 서해 물류의 중심항만으로 우뚝 설 그날을 향해 나아가고 있다.

"항만은 단순한 부두가 아니다.
그것은 바다와 도시가 손을 맞잡는 문(門)이다."

3.

220만 충남도민의 염원, 서산공항

서산의 하늘은 오래 닫혀 있었으나
꿈은 바람 속에서 꺼지지 않았다
17년의 정체를 넘어 다시 두드린 문,
잠든 하늘길을 깨우고자 나는 팔을 걷었다
수차례의 우여곡절을 지나 여기까지 왔고
기대와 지연이 교차하는 시간 속에서도
충남도민의 염원은 끝내 날개를 포기하지 않았다
도시는 관문으로 거듭날 준비를 하고
미래의 지평은 서서히 넓어지고 있다
충남 서해안의 내일을 위해
오늘도 우리는 온 마음을 모아 간다

서산공항 건설의 역사는 1997년 6월로 거슬러 올라간다. 그 해, 공군 제20전투비행단 준공식에 참석한 김영삼 대통령은 군 비행장 활주로를 활용한 민항 취항 가능성 검토를 지시했다. 그 한마디가 훗날 서산공항 건설 논의의 첫 불씨가 되었다. 그러나 곧 닥친 IMF 외환위기는 모든 계획을 멈춰 세웠다. 항공 수요가 급감하고 신규 공항개발 사업이 전면 보류되면서 서산공항 건설은 17년간 정체의 시간을 견뎌야 했다. 도시의 하늘은 닫혀 있었고, 서산의 꿈은 바람 속에 머물러 있었다.

전환점은 2014년 7월 14일이었다. 내가 서산시장으로 재임하던 그날, 나는 안희정 충남도지사를 직접 면담해 서산시의 오랜 숙원인 서산 해미비행장(서산민항) 민항 유치를 비롯한 지역 주요 현안사업을 공식 건의했다. 면담 자리에서 나는 "충남에는 아직 단 한 곳의 민항도 없다"라며, 충남 서북부 균형발전과 도민의 항공 접근권 보장을 위해 서산공항 건설의 필요성을 강하게 피력했다.

이에 안희정 지사는 깊이 공감하며 그 자리에서 관련 부서에 즉각 검토를 지시했고, 이후 곧바로 충남도와 서산시 공동 TF팀이 구성되며 본격적인 추진의 시동이 걸렸다. 그 만남은 17년간 멈춰 있던 서산의 하늘길을 다시 여는 결정적인 출발점이 되었다. 그로부터 2년 뒤인 2016년 5월, 국토교통부의 '제5차 공항개발 중장기 종합계획'에 서산공항이 정식으로 포함·고시되면서 법적 근거가 마련되었다.

이어 국토부의 사전타당성 조사가 착수되었고, 2017년 12월 용역 결과에서 비용대비 편익(B/C) 비율이 1.32로 산출되었다. 당초 3.53까지 나왔던 수치가 4개월 후 국토부의 산정 방식 변경으로 1.32로 조정되었지만, 여전히 경제성이 충분히 입증된 수준이었다. 그러나 민선 7기 들어 사업 추진 동력이 약화되며 다시 속도가 늦춰졌다. 만약 그 시기에 계획대로 추진되었다면, 2023년 개항도 가능했을 것이라는 아쉬움이 남는다.

서산공항 건설은 민선 8기에 들어 다시 새로운 전환점을 맞았다. 기획재정부 예비타당성조사에서 B/C 비율이 0.81로 다소 낮게 나왔지만, 총사업비 500억 원 이하 사업으로 분류되면서 추진이 가능하다는 근거를 확보했다. 이에 충남도와 서산시는 재기획 연구용역을 추진해 사업비를 484억 원으로 조정, 경제성 지표인 B/C 비율을 1.11로 끌어올렸다. 이는 경제성과 현실성을 모두 확보한 합리적 추진 방안이었다.

그리고 2024년 9월, 2025년도 정부 예산안에 기본 및 실시설계비 16억 6천만 원이 반영되었다. 이는 서산공항 건설이 단순한 구상 단계를 넘어 실행 단계로 진입했음을 의미하는 역사적 이정표였다. 서산시는 이 성과를 바탕으로 서산공항 건설 TF팀을 구성하고, 전략 세미나와 공청회를 잇따라 열며 행정력을 집중하고 있다. 2025년까지 기본계획을 수립하고, 2026년 착공 → 2028년 개항을 목표로 한 구체적인 로드맵도 마련했다.

다만, 큰 사업은 일정이 당겨지기보다는 늦어지는 경우가 많고, 선례가 있는 적자 공항이 많은 상황에서 또 다시 공항을 건설한다는 것에 대한 부정적 여론으로 당초 일정보다 늦어질 가능성이 있다. 그럼에도 이 사업은 충남 유일의 민간공항이라는 상징적 의미를 넘어, 서산과 충남 서해안권의 미래 성장축으로서 확실한 동력이 될 것임은 분명하다. 그리고 꼭 그렇게 되도록 해야 한다. 타 공항과 비교할 수 없을 정도의 여건과 수요가 있어 동일한 잣대로 평가할 일은 아닌 것이다. 서산공항이 개항되면 서산은 서해안의 관문도시로 도약할 것이다. 항공 접근성이 높아지면서 관광산업이 활성화되고, 기업 유치와 물류 네트워크 확장이 촉진되며 지역경제 전반에 새로운 활력이 돌 것이다.

특히 수도권과의 연결성이 강화되어 충남 서해안권의 균형발전 거점 도시로서 서산의 위상은 한층 공고해질 전망이다. 더욱 의미 있는 것은, 서산의 유일한 대학이자 항공 특화대학인 한서대학교가 2025년 9월 28일 교육부로부터 '2025년 글로컬 대학'으로 최종 선정되었다는 점이다. 한서대학교는 '지역과 함께 성장하는 대학 모델'로 평가받으며 전국 7개 선정 대학 중 하나로 이름을 올렸고, 앞으로 5년간 총 1,000억 원의 국비 지원을 받게 된다.

이 사업은 지역 산업 생태계 구축과 미래 항공산업 중심지로서의 역할 강화를 목표로 하고 있으며, 서산공항 건설과 함께 미래 항공모빌리티 산업의 핵심 거점으로 성장할 발판을 마련했다. 긴 세월의 우여곡절 끝에 마침내 현실화 단계에 접어든 서산공항 건설사업은 이제 추진력과 지속성이 관건이다. 과거의 정체를 교훈 삼고, 행정의 일관된 의지와 시민의 관심이 더해진다면 서산 하늘길의 꿈은 반드시 실현될 것이다. 그날, 활주로 위로 떠오르는 첫 항공기는 단지 비행기가 아니라, 서해안의 미래가 날아오르는 상징이 될 것이다.

"하늘은 기다리는 자에게 길을 내어준다."

4.

서산,
철로를 향한 힘찬 도전

닿지 못한 길이 있어
나는 오늘도 지도를 편다
철로 한 줄은
도시의 숨결을 잇는 혈맥이기에
서해의 바람과 산업의 맥이 모여
미래라는 이름의 선로를 부른다
서산은 지금
철도를 향해 도약하는 도시다.

닿지 못한 길이 있다는 사실은 도시에게도 하나의 숙명이다. 서산이 철도를 향해 멈추지 않고 손을 뻗어온 이유도 여기에 있다. 철로 한 줄은 단순한 교통수단이 아니라, 도시의 심장박동을 더 넓은 세계와 연결하는 혈맥(血脈)이기 때문이다. 산업과 문화, 사람과 미래가 그 선로를 따라 흐르고, 새로운 성장의 숨결은 그 길 위에서 다시 태어난다.

나는 서산의 철도 구상을 두고 흔히 "교통 확충"이라는 말로는 설명할 수 없다고 생각해왔다. 이 도전은 오랫동안 지역이 짊어온 구조적 한계를 넘어서는 싸움이었고, 국가 산업경쟁력의 균형을 되찾기 위한 절실한 과제였다.

서산은 대한민국 3대 석유화학단지인 대산석유화학단지를 품고 있다. 이곳은 매년 5조 원대의 국세를 납부해왔던 국가의 핵심 산업이지만, 정작 교통인프라는 전국 최하위 수준에 머물러 있었다. 세계적인 생산능력을 갖추고도 물류의 절반 이상을 도로에 의존해야 했던 현실은 기업의 경쟁력을 떨어뜨리고, 지역의 미래를 옭아매는 족쇄와도 같았다.

나는 이 불균형을 지역의 불편이 아니라 국가의 손실로 보았다. 산업이 쏟아내는 가치를 떠받치는 기반시설이 턱없이 부족하다면, 그 피해는 기업만이 아니라 국가경제 전체에 스며든다. 서산이 철도를 절실히 요구해온 이유가 바로 여기에 있다.

철도는 도시의 미래를 여는 가장 단단한 열쇠다. 서산의 철도망 구상은 우리만의 외침이 아니라, 충청권과 서해안권 도시들이 함께 엮어낸 공동의 비전이다. 중부권동서횡단철도는 제19대~제21대 대통령 공약으로 채택되었고, 충청남도는 내포-태안-서산-대산을 잇는 서해안 철도축을 광역전략으로 정립했다. 2023년 12월, 충남도는 충청내륙철도 사전타당성조사를 마무리하며 국가계획화를 향한 중요한 발걸음을 내디뎠다.

이러한 기반 위에서 서산은 세 개의 철도노선–내포태안철도, 중부권동서횡단철도, 대산항 인입철도–을 제4차 국가철도망의 '추가검토사업' 지위로 올려놓았다. 비록 확정사업은 아니었지만, 이것은 국가가 서산의 필요성을 공식적으로 인정한 의미 있는 출발점이었다.

서산은 다시 한 번 철도의 문을 두드리고 있다. 지금 서산시는 도시의 역량을 총동원해 제5차 국가철도망 구축계획(2026~2035) 반영을 향해 전진하고 있다.

정부는 2026년 상반기 중 최종 계획을 확정할 예정이며, 이 시기가 서산의 철도 도약을 가를 결정적 순간이 될 것이다. 우리가 국가계획에 반영시키고자 하는 노선은 네 가지다.

내포 – 태안 – 서산 – 대산철도, 중부권동서횡단철도, 충청내륙철도, 대산항 인입철도, 이 네 개 노선은 각각 의미가 다르지만, 궁극적으로는 하나의 큰 그림–충청권 메가시티의 서해축 완성—으로 모인다.

내포태안철도는 서산공항을 포함한 서해안 관광·행정축을 열고, 중부권동서횡단철도는 국토 동서를 하나의 산업·관광벨트로 엮는다. 충청내륙철도는 내포·서산과 대전을 하나의 생활권으로 만든다. 그리고 대산항 인입철도는 국가산업 공급망의 안정성을 강화하는 가장 실질적인 물류 기반시설이다.

특히 2024~2025년 정부가 산단 인입철도 확대 정책을 추진하면서 대산항 인입철도는 국가적 필요성이 더욱 높아졌다. 대산과 당진, 평택을 잇는 서해안 산업벨트가 미래 신성장동력으로 주목받는 철도는 선택이 아니라 필수였다. 철도는 도시의 길을 바꾸고, 삶의 방향을 바꾸고, 미래의 크기를 바꾼다. 서산에서 철도망 구축을 이야기하는 순간마다 나는 한 가지 믿음을 떠올린다.

“도시는 결국, 연결되는 만큼 성장한다.” 철로 한 줄이 놓이면 사람의 이동이 달라지고, 물류의 흐름이 바뀌며, 기업의 선택지가 넓어진다. 그리고 마침내 도시의 운명이 달라진다.

서산의 철도는 단순한 SOC 사업이 아니라, 도시의 미래를 다시 설계하는 일이며 국가 산업지도를 재구성하는 전략적 투자다. 이제 서산은 더 이상 변방이 아니다. 우리는 철도를 향해 도약하는 도시이고, 그 도약의 끝에는 서해안 시대의 중심도시라는 새로운 이름이 기다리고 있다. 나는 오늘도 서류를 넘기고, 회의를 이어가며, 문을 두드린다. 제5차 국가철도망 계획이 확정되는 순간까지 나는 중앙부처와 국회, 충남도, 그리고 산업계와 긴밀히 협력하며 서산의 철도가 국가계획에 반드시 반영될 수 있도록 모든 역량을 쏟아부을 것이다.

철도는 단순한 선이 아니다. 그 선 위에는 도시의 내일이 실려 있고, 서산 시민의 기회가 실려 있으며, 대한민국 산업의 미래가 실려 있다. 나는 믿는다. 지금 이 치열한 싸움은 언젠가 서산의 가장 빛나는 선로가 될 것이다.

"길은 걸어서가 아니라, 걸으려는 마음에서 시작된다."

9 꿈이 자라는 텃밭

1.

아이의 성장에 투자하다
– 영유아·초등 돌봄 복지

아이가 자라는 시간은
한 도시가 성장하는 시간이다
한 걸음 걷고, 두 눈 반짝이며
알지 못한 것을 배워가는 그날들
우리는 그 곁에 있어야 했다
누군가의 퇴근이 늦어져도,
누군가의 손길이 부족해도
도시가 품어주는 하루가 있다면
부모의 마음은 안심할 수 있었다
그런 도시, 그런 서산을 만들고자 했다

서산시는 아이 키우기 좋은 도시를 만들기 위해, 돌봄과 기초 교육복지에 대한 실질적인 정책들을 하나하나 실행해 왔다.

2025년 10월 1일부터 시행된 '가족돌봄 지원사업'은 대표적인 예다. 이 사업은 기준 중위소득 150% 이하의 맞벌이 등 양육 공백 가정이 대상이며, 24~48개월 미만의 영유아를 부모를 대신해 돌보는 4촌 이내 친족에게 수당을 지급한다.

아이 1명을 돌보면 월 30만 원, 2명은 45만 원, 3명 이상은 60만 원이 지원되며, 월 40시간 이상 돌봄 활동과 4시간 이상의 의무교육 이수가 조건이다. 신청은 매월 1일부터 15일까지, 자녀의 주소지 읍·면·동 행정복지센터에서 부모가 직접 신청하면 된다.

이 정책은 가족 내 돌봄을 제도적으로 인정하고 사회가 함께 지원하는 구조로, 돌봄의 부담을 가족만이 아닌 지역사회가 함께 나누는 방식으로 구현되고 있다. 또한 서산시는 초등학생 자녀를 둔 가정의 실질적인 부담을 줄이기 위해, '학습준비물 없는 학교' 만들기를 민선8기 공약사항으로 채택하고 적극 추진했다. 지역 내 모든 초등학교 학생들에게 필요한 학습도구를 학교와 시가 함께 준비하고 제공함으로써, 학부모가 불필요한 준비물 걱정 없이 아이를 학교에 보낼 수 있도록 한 것이다.

가위, 풀, 색종이, 클레이….

누군가에겐 일상이지만, 누군가에겐 부담이 될 수 있는 작은 준비물 하나까지도 행정이 먼저 챙김으로써, 아이들 사이의 출발선 격차를 줄이는 정책적 배려가 담겼다. 이와 함께 '육아종합지원센터'는 유아기부터의 체계적인 보육환경 조성을 위한 중요한 시설로, 보육교사 교육, 부모상담, 발달검사, 육아 프로그램 등을 운영하며, 부모와 아이가 함께 성장할 수 있는 복합적 돌봄공간으로 자리 잡고 있다.

이러한 정책들은 모두 한 아이가 태어나고 자라고 배우는 전 과정에서 도시가 동반자로서 함께할 수 있도록 설계된 교육복지 전략들이다.

서산시는 앞으로도 보편적이고 섬세한 교육·돌봄 정책을 통해, 시민이 안심하고 아이를 키울 수 있는 환경을 지속적으로 구축해 나갈 것이다.

2.

'함께 키우는 도시', 아이와 청소년의 미래 투자

걱정 없는 복지도시, 서산
비바람 몰아쳐도
쓰러지지 않는 나무처럼,
삶의 그늘 아래 서로를 감싸주는 손길이 있다.
그 손길은 제도보다 따뜻하고,
예산보다 단단한 마음에서 비롯된다.
복지는 돈의 문제가 아니라
사람의 온도이며,
도시는 그 온기로 성장한다.
서산의 복지는 그렇게,
한 사람 한 사람의 체온으로 피어난다.

복지는 지역 사회의 버팀목이자 든든한 울타리다. 민선 8기 서산시는 단순한 '지원'의 개념을 넘어, 시민의 삶 전체를 품는 복지로 나아가고 있다. 그것은 행정이 주도하는 시혜적 복지가 아니라, 시민 한 사람 한 사람이 서로를 돌보며 함께 만들어가는 공감의 공동체 복지다. 복지는 어느 날 갑자기 주어지는 것이 아니다. 누군가의 아픔을 외면하지 않는 마음에서, 그리고 그 아픔을 함께 짊어지려는 용기에서 시작된다. 서산의 복지는 그 마음의 울림으로부터 자라났다. "복지의 핵심은 지원이 아니라 공감과 연대"라는 철학 아래, 우리 시는 복지의 패러다임을 '시민 중심의 상생 모델'로 새롭게 세워가고 있다.

민선 8기 들어 서산시는 복지를 생활 속에서 체감하는 시스템으로 발전시키고 있다. 어르신에게는 안심 돌봄을, 장애인에게는 일할 기회를, 아이들에게는 배움의 희망을, 그리고 모든 세대에게는 함께 웃을 권리를 되돌려 주기 위해 노력해 왔다. 그 중심에는 함께 돌보는 가족복지, 지역이 키우는 아동복지, 일할 수 있는 복지 도시, 행복한 노후를 위한 노인복지, 그리고 마음이 건강한 정신건강 복지가 있다. 서산은 이제 복지를 '시설'이 아니라 '관계'로 바라본다.

지역 곳곳에서 펼쳐지는 심리 상담, 취업 연계, 자원봉사, 마을 공동체 프로그램들은 단순한 도움을 넘어, 시민이 다시 일어설 수 있는 힘을 길러주는 사회적 재활 시스템으로 자리 잡았다. 누군가 어려움에 처했을 때 "괜찮다, 함께하자"라는 말 한마디가 울타리가 된다. 복지는 그 말의 무게를 실현하는 행정이며, 서산의 복지는 바로 그 울타리의 또 다른 이름이다. 민선 8기 서산시는 모두가 함께 행복한 도시, 걱정 없는 복지도시를 향해 걸어가고 있다.

복지의 궁극적인 목표는 '의존'이 아니라 '회복'이고, '구호'가 아니라 '동행'이다. 그래서 서산의 복지는, 도움을 받던 사람이 언젠가 또 다른 누군가의 손을 잡아주는 순환의 선(善)으로 완성된다. "복지는 제도의 이름으로 주어지는 것이 아니라, 사람의 마음에서 시작되는 또 하나의 사랑이다."

돌봄은 멈추지 않는다
– 서산형 선진 돌봄모델

출산 이후 서산의 복지는 '돌봄까지 이어지는 따뜻한 울타리'가 된다. 산모·신생아 건강관리 지원사업, 산후조리비용 지원 (관내 100만 원) 등을 통해 몸과 마음이 함께 회복되는 환경을 조성했다.

현대 부모들의 가장 큰 부담인 야간과 주말 돌봄 문제에 서산시는 과감히 응답했다. '안심 풀케어 365일 24시간 어린이집'을 지정하여, 교대근무자 등 기존 보육체계에서 소외된 가정을 위해 야간·주말에도 돌봄을 제공하는 혁신적 제도를 시행 중이다. 이는 '일하는 부모의 시간' 위에 보육을 맞춘 서산형 선진 돌봄모델이다.

나아가 2025년부터는 '가족돌봄 지원사업'을 통해 조부모 등 4촌 이내 친족이 손주를 돌보면 돌봄 수당을 지급하는 제도를 시행하고 있다. 중위소득 150% 이하 가정을 대상으로 최대 월 60만 원까지 지급하며, 가족 내부의 따뜻한 손길을 행정이 공적으로 인정하고 보상하는 도시 중 하나가 되었다. 돌봄을 '사적인 희생'이 아닌 공적인 가치로 끌어올린 것이다.

일과 가정의 양립, 도시의 윤리를 세우다

저출산은 '일하면서 아이를 키울 수 없게 된 사회 구조 문제'라는 인식 아래, 서산시는 일과 가정이 공존하는 도시를 만드는 데 초점을 맞추었다. 성평등가족부의 가족친화기업 인증제에 적극 협력하여 지역 기업들의 유연근무제 도입, 육아휴직 및 지원 제도를 독려했다. 시 또한 가족친화 인증기관 재인증을 받아 '아이를 키우는 직원이 불이익을 받지 않는 조직'임을 스스로 증명했다.

특히, 아빠 육아참여 확산 프로그램을 추진하고 남성 육아휴직 사용을 장려하며, 육아가 '엄마의 몫'이 아닌 '함께의 몫'이라는 문화적 변화를 이끌었다. 이는 "여성이 경력 때문에 출산을 망설이지 않아도 되는 도시"를 향한 진정한 평등의 출발점이다.

미래 세대의 꿈을 키우는 교육과 공간

서산은 교육의 격차를 '해결해야 할 과제'로 미루지 않았다. 2025년 5월, 강남구청과의 자매결연을 통해 '강남인강'(인터넷 수능

방송)을 서산시 중고등학생에게 대폭 할인된 수강료(개인 1만 원 부담)로 제공하는 협약을 체결했다. 경제적 부담 없이 서울 최상위권 강사진의 강의를 들을 수 있게 한 이 사업은, "서산의 배움은 서울보다 멀지 않다"라는 교육복지의 새로운 방향을 제시했다. 또한, 청소년들이 집과 학교만 오가는 일상을 넘어 '머물고 싶은 공간'을 만들었다. 해미청소년문화의집, 새로 준공된 성연청소년문화의집 등은 여가 시설과 동아리 공간을 제공하며 자발적 참여와 성장을 돕는다. 청소년참여위원회 등을 통해 청소년이 직접 정책과 예산 편성 과정에 참여하도록 하여, 이들이 도시 정책의 수혜자가 아닌 주체로 서게 만들었다.

"청소년이 떠나지 않아도 꿈꿀 수 있는 도시", "출산을 '결정하라'고 설득하는 대신, '함께 키워주겠다'라고 약속하는 도시", 그 이름이 바로 서산이 되도록 노력하고 있다.

"복지는 손을 내미는 일이 아니라,
그 손을 끝까지 놓지 않는 용기다."

3.

학교와 함께 가는 길 – 공교육의 든든한 동반자

학교는 마을의 심장처럼 뛰고,
교실은 미래로 향하는 문이었다
책상 위에 놓인 공책 한 권,
진로를 고민하는 눈빛 하나
그 곁을 지키는 도시가 있다면
배움은 혼자가 아니다
서산은 언제나
학교 곁에 서 있었다

학교는 단지 교육의 현장이 아니라, 도시의 내일을 준비하는 출발점이다. 서산시는 학교와 함께, 학생과 함께, 공교육의 품을 넓히고 깊게 해왔다. 특히 2024년 2월, 서산시는 아산시와 함께 충남도 내 최초로 교육부의 '교육발전특구 시범지역'에 선정되며, 공교육 혁신의 새로운 장을 열었다. 서산시가 제안한 교육특구 모델명은 'THE SUN RISING 교육발전특구'. 이는 지역의 산업과 문화, 교육이 함께 떠오른다는 뜻을 담고 있다.

이 사업은 3년간 약 90억 원의 국비를 포함해 최대 100억 원의 예산이 투입되며, 다음과 같은 주요 내용을 포함하고 있다.

지역밀착형 미래인재 교육으로 서산의 강점을 살린 항공, 화학, 첨단 모빌리티, UAM 분야 중심 교육. 서산형 자유학기제 및 고교학점제 운영으로 학교 자율성과 진로 탐색을 강화하는 6차 산업 자율형 공교육 혁신, 방과 후 돌봄 강화 및 늘봄과 연계한 지역정주형 인재양성 프로그램, 지역 산업과 연계한 특성화 교육 추진, 서산 늘봄센터를 통한 365일 24시간 돌봄 서비스 연계. 이러한 교육특구 지정은 단순한 공모사업 선정이 아니다. 이는 서산이 산·학·관 협력 기반의 미래교육도시로 나아가는 분기점이 되었고, 공교육이 지역사회와 맞닿아 성장하는 구조를 만드는 데 커다란 계기가 되었다.

이와 함께 서산시는 '우수고 육성지원사업'도 민선8기 공약 사항으로 적극 추진해왔다. 총 12억 원의 예산을 투입하여 지역 내 우수 고등학교들과 함께 학생들의 학업 동기 부여와 진로 개발을 위한 다양한 프로그램을 운영했다. 대표적인 사례로는 서산공업고등학교를 중심으로 운영되는 고교·대학·기업 연계 '에듀체인 프로그램'이 있다.

학생들은 산업체 실무 현장을 견학하거나 지역 대학의 교수와 직접 소통하며, 진로에 대한 구체적인 상상과 계획을 세울 수 있는 기회를 제공받는다.

뿐만 아니라, 서산시는 초등학생부터 고등학생, 청년까지를 아우르는 '1020 미래인재양성 아카데미'를 운영하며 우수기업과 명문 고등학교를 직접 찾아가 진로 탐색과 교육 체험의 기회를 제공했다. 학생들은 도시 밖의 세상과 연결되고, 교실을 넘어 실질적인 배움의 길로 나아갈 수 있었다. 교육은 책상 위에서만 이루어지지 않는다. 그래서 서산시는 학교 밖의 교육 환경 개선에도 귀 기울여왔다. 학생대표들과의 정기 간담회를 통해 학교 시설 개선, 교육 지원방안, 학생복지에 대한 생생한 목소리를 직접 들었고, 그 의견들이 정책으로 반영될 수 있도록 끊임없는 소통의 장을 마련해 왔다. 서산시의 이러한 노력은 교육을 위한 투자가 아니라, 도시 전체의 내일을 준비하는 투자였다. 학생은 한 명 한 명이 서산의 미래이고, 학교는 그 미래를 꽃피우는 정원이었다.

4.

기술로 미래를 여는 아이들 – 특성화고와 산학협력

기술은 손끝에서 시작되지만,
미래는 가슴에서 자란다
땀에 젖은 실습복 안에서
아이들은 세상을 배웠고
기계를 다루는 손 안에는
도시의 내일이 움트고 있었다
배움은 현장에서 빛나고
기술은 도시를 다시 만든다

서산은 더 이상 '공부 잘하는 아이'만 키우는 도시가 아니다. 기술을 배워 일터로 나아가는 아이들, 산업현장에서 땀 흘리는 청년들도 당당한 주역이 될 수 있도록, 교육의 지형을 바꾸고 있다. 그 중심에는 서산공업고등학교의 변화가 있다. 그 이름부터가 도시의 의지를 상징한다. 사실 이 학교는 과거 '운산공업고등학교'라는 교명을 가지고 있었다. 하지만 '운산'이라는 면단위 지명은 점차 지역의 대표 산업고로 성장하는 데 위상과 인지도에 한계를 줄 수 있다는 판단이 섰고, 나는 도시의 이름을 걸고, 서산을 대표하는 기술학교로 키우자는 제안을 드렸다.

이 제안에 류재풍 당시 교장과 이상범 학부모회장이 깊이 공감해주었고, 교육공동체의 전폭적인 동의 속에 2018년 3월 1일, 교명은 '서산공업고등학교'로 변경되었다. 그 후로 학교는 마치 이름값을 하겠다는 듯 각종 기능대회에서 두각을 나타냈고, 전국 단위 수상 실적도 눈에 띄게 늘어났다. 나는 지금도 이번 특성화고 선정 역시 '서산공고'라는 이름이 주는 자신감과 상징성이 한몫했다고 믿는다.

2025년, 서산시는 충청남도교육청과 지역 기업, 대학 등 총 12개 기관과 협약을 맺고 교육부 주관 '협약형 특성화고등학교 육성사업'에 서산공고가 최종 선정되도록 힘을 보탰다.

이 사업을 통해 학교는 2026년부터 2030년까지 5년간 총 90억 원의 예산(국비 45억 원 포함)을 지원받게 되었고, 이를 바탕으로 실습 환경을 전면 개편하고, 기업 맞춤형 교육과정으로의 전환을 본격화하고 있다.

서산공고는 단순한 기능 인력을 양성하는 데 그치지 않는다. 지역의 주력 산업인 석유화학, 자동차, 정밀기계 분야에 특화된 교육과정을 운영하며, 졸업 후 지역 산업현장에서 곧바로 역량을 발휘할 수 있도록 산·학·관 협력 생태계를 구축하고 있다. 한화토탈에너지스, 현대오일뱅크, LG화학 등 대산산단의 대표 기업들이 교육과정 설계에 참여하고, 실제 현장에서 필요한 인재상에 맞춘 교육 내용과 실습 환경이 구성되고 있다. 학생은 교과서와 공구를 넘나들며 배우고, 기업은 바로 채용 가능한 인재를 키우는 구조. 이것이 서산이 지향하는 맞춤형 기술교육 모델이다.

서산시는 이 사업을 단지 학교 발전의 계기로 삼는 것이 아니라, '서산에서 배우고, 서산에서 일하고, 서산에서 살아가는' 정주형 인재 양성의 플랫폼으로 확장하고 있다. 청년들이 서산을 떠나지 않고, 기술을 기반으로 삶과 꿈을 이 도시에서 설계할 수 있도록 뒷받침하고 있다. 이와 함께 고교·대학·기업 연계 '에듀체인 프로그램'도 본격 운영 중이다. 학생들은 산업체 실무를 견학하고, 대학 교수의 특강을 듣고, 지역기업에서 실습하며 이론과 현실을 연결 짓는 현장기반 진로 설계 능력을 키우고 있다. 서산의 교육은 이제 기술을 가르치는 학교를 넘어, 기술로 도시의 미래를 다시 설계하는 길로 나아가고 있다.

덧붙이는 이야기

이름을 바꿨더니, 길이 달라졌다.
'서산공고'라는 이름 석 자가,
아이들에게는 자부심이 되고
도시에게는 신뢰가 되었다.
그 이름이 빛나는 곳에서,
서산의 기술 인재들이 자라고 있다.

5.

세상을 배우는 발걸음 – 국내·외 체험 교육

책을 덮고, 길 위에 선다
교과서 바깥에도 역사는 흐르고
창문 너머의 세상은
낯설지만 설레는 배움이었다
길 위에서 얻은 한 문장
발끝으로 새긴 한 시대
세상을 배우는 가장 좋은 방법은
그 안으로 직접 들어가 보는 것이다

교육은 교실에서만 이뤄지지 않는다.

서산시는 '배움은 현장에서 자란다'라는 믿음 아래, 학생들이 지역과 세계를 직접 체험하며 성장할 수 있도록 다양한 현장 중심 교육 프로그램을 마련해 왔다. 그중 하나가 '중학생 국내·외 역사문화탐방 사업'이다. 민선8기 공약으로 시작된 이 사업은 2023년부터 운영되었고, 2025년 기준 3년째를 맞으며 연평균 약 1,650명의 중학생들이 국내와 해외의 역사적 현장을 직접 체험하는 기회를 갖고 있다.

중국·일본 등 자매결연 지역과의 교류, 국내 주요 역사·산업·문화 유적지 탐방을 통해, 학생들은 교과서 밖 세상을 스스로 해석하고 마주하는 법을 배워간다. 이 프로그램은 단순한 수학여행이 아니라, 역사와 문화 속에서 '나'와 '우리 지역'을 되돌아보는 인문학적 체험 교육이다. 서산시는 운영 4년 차에 접어들며, 교육청·학교·관계기관과의 긴밀한 협의를 통해 더욱 내실 있는 프로그램으로 발전시켜 나가고 있다.

그리고 또 하나, 서산시의 새로운 도전은 '미래 인재 양성'에 초점을 맞춘 교육정책에서 나타난다. 2024년부터 시작된 '서산시 미래인재양성 아카데미'는 서산시 관내 중·고등학생을 대상으로 운영되는 진로탐색 및 학업 동기 부여 프로그램으로, 지역 교육격차 해소와 우수 인재의 유출 방지를 목표로 기획되었다.

첫 출발은 2024년 3월 28일, 서산시청 대회의실에서 열린 오리엔테이션이었다. 학생들과 학부모가 함께 참여한 그 자리에서, 나는 단순한 견학을 넘어 삶의 방향을 찾는 여정이 되기를 바라는 마음으로 아이들을 격려하며 그 첫발을 함께 내디뎠다. 첫 번째 방문지는 서울대학교였다. 나는 학생들과 함께 캠퍼스를 걸었고, 부모님들도 그 곁에서 조용히 동행했다. 그날, 아이들의 눈빛은 확연히 달라져 있었다. 낯설기만 하던 캠퍼스의 교문과 강의동 및 연구소, 잔디밭과 도서관은 이제 막연한 동경이 아닌, 도달 가능한 목표이자 스스로 설계할 수 있는 미래로 다가왔을 것이다.

이후에도 연세대학교, 고려대학교, 성균관대학교, 그리고 LG디스커버리랩 등 명문대학과 산업 현장을 아우르는 견학 프로그램이 격월 단위로 운영되며, 학생들은 각 분야의 전문가와 만나고, 다양한 학문과 직업 세계를 체험하는 기회를 갖게 되었다. 서산시는 이 아카데미를 단발성 이벤트가 아닌, 격월로 운영되는 지속형 진로 체험 프로그램으로 구성하고 있다. 단순한 외부 견학에 그치지 않고, 학생 개개인의 잠재력과 진로 역량을 일깨우는 방향으로 점차 확장해가는 중이다. 학부모의 동행 참여도 함께 이루어지며, 아이의 진로 여정을 가족 전체가 공유하고 응원하는 교육 문화가 자리 잡고 있다.

무엇보다도 이 프로그램은 '서산에서도 충분히 세계와 연결될 수 있다'는 가능성을 아이들에게 심어주는 일이다. 그리고 그것은 곧, 지역에 대한 자부심과 정주 의식을 높이는 시작점이기도 하다. 길 위에서 배우는 것은 지식만이 아니다. 세상을 향해 열린 마음, 아직 만나지 않은 사람들, 그리고 자신을 새로운 눈으로 바라보는 법. 서산의 아이들이 이 도시를 벗어나 세상을 배운다는 것은, 다시 이 도시를 위해 돌아올 수 있는 힘을 기르는 일이기도 하다.

덧붙이는 이야기

사람은 풍경을 통해 배우고, 장소는 기억을 품는다.
서산의 아이들이 서울의 대학, 수도권의 기업,
세계의 역사 현장을 마주하는 그 순간, 도시는 아이와 함께 자라고 있었다.

6.

시정과 시민 속으로 – 똑똑시장실

어린 손이 문을 두드린다
"시장님, 계세요?"
장난기 섞인 목소리로 시작된
시정 체험은
어느새 진지한 질문이 되었고
작은 눈동자에 비친 시청은
우리 도시의 축소판이었다
행정을 배운다는 건
도시를 이해하는 첫걸음이었다

행정은 어렵고 낯선 세계처럼 느껴질 수 있다.

특히 아이들에게는 '시청'이라는 말만으로도 왠지 출입할 수 없는 어른들의 공간처럼 다가온다. 그 거리를 좁히고, 아이들에게 행정과 시정을 더 가깝게 느끼게 하기 위해 서산시는 '똑똑! 시장실'이라는 이름의 참여형 시정 교육 프로그램을 운영하고 있다. 이 프로그램의 이름처럼, 학생들은 실제로 시청에 들어와 시장실 문을 '똑똑' 두드리고, 안으로 들어선다. 함께 온 부모님들도 조용히 뒷자리에 앉아, 자녀들이 어른이 되어 시정을 체험하는 순간을 흐뭇하게 지켜본다.

아이들은 시장, 부시장, 국장, 과장 등의 역할을 나눠 모의 시정 회의를 연다. 회의장에 앉아 "다음 안건은 무엇입니까?"라는 말이 나올 때면 부모님들 사이에서는 미소가 번진다. 평소 집에서는 수줍기만 하던 아이가 공적인 자리에서 조리 있게 말하는 모습에 놀라움과 감탄이 뒤섞인다. 모의 회의가 끝나면, 아이들은 실제 시장실로 이동해 시장과 대화시간을 갖고 시장 자리에 앉아 사진도 찍으며 추억을 남기는 시간을 갖는다.

나는 아이들에게 일일이 꿈을 물어보며 꿈의 중요성을 얘기하면서 좋은 책을 많이 읽고, 좋은 친구를 많이 사귀라고 권한다. 아이들은 질문한다. 박장대소를 하게 하는 질문도 종종 나온다. 그 순간에서 시장실이 웃음바다가 되곤 한다.

"시장님, 월급이 얼마예요?"

"왜 시장에 출마하셨어요?"

"잠은 몇 시간 자요?"

"화날 때는 어떻게 하셔요?"

"결혼은 하셨어요?"

이런 물음에는 어른들보다도 더 솔직하고 유쾌한 세계가 담겨 있다.

나는 그 질문 하나하나에 진심을 담아 답했다.

왜냐하면, 아이들에게 처음 접한 서산시 행정이 기억 속에서 따뜻한 경험으로 남기를 바라기 때문이다. 아이들이 시장실을 나설 때쯤이면, 그들의 눈빛에는 변화가 있다. 시청은 더 이상 멀리 있는 권위가 아니라, 자신이 성장하면 다시 오고 싶은 '시민의 공간'으로 새겨진다.

프로그램 말미에는 서산 종합사격장을 견학하고 사격 체험도 함께 진행된다. 아이들에게는 새로운 경험이고, 시정이 단순히 책상 뒤의 행정만이 아니라 시민 안전과 레저, 복지까지 아우르는 것임을 몸으로 익히는 시간이다.

'똑똑! 시장실'은 단순한 시청 견학이 아니다. 아이들에게 서산이라는 도시의 주인이라는 감각을 길러주는 민주적 체험의 장이다. 자신이 사는 도시가 어떻게 운영되는지, 시장이 어떤 고민을 하는지, 행정은 어떤 과정을 거쳐 결정되는지를 체험한 아이들은 더 이상 수동적인 주민이 아니라, 스스로 생각하고 발언하는 작은 시민이 되어간다.

덧붙이는 이야기

어린 날의 체험이 평생을 이끈다.
시장실에 앉아 '내가 시장이라면…'을 상상했던 아이들 중
언젠가 진짜로 그 자리에 앉게 될 이도 있을 것이다.
그날, 나는 기꺼이 그 아이의 이야기를 들으러
다시 문을 두드릴 것이다.
"시장님, 저 기억 나시나요?"

7.

성인의 배움, 마을에서 피어나다 – 문해교육 마을학교

누군가는 글자를 몰라
버스 행선지를 묻고
약봉지의 시간을 눈치로 가늠했다
그러나 봄날처럼 따뜻한 교실이
마을회관에 열리고
일흔, 여든, 아흔의 손이
'가나다'를 따라 쓰기 시작했을 때
서산은 다시,
배움의 도시가 되었다

한글을 모른다는 건, 세상과 자신 사이에 보이지 않는 벽을 두고 살아야 했다는 뜻이었다.

은행에서 돈을 찾거나 부치는 것도 남의 손을 빌려야 했고, 버스를 타려면 숫자 대신 행선지를 물어야 했으며, 손주에게서 받은 문자 한 줄을 혼자 읽지 못해 늘 누군가의 눈치를 봐야 했다. 서산시는 그런 어르신들을 위해 읽고, 쓰고, 삶을 다시 만

나는 마을학교를 열었다. 이것이 바로 '문해교육 마을학교'다.

2026년 현재, 28개 읍면동 마을회관 등에서 정기적으로 수업이 진행되고 있으며, 300여 명의 어르신들이 한글을 배우며 즐거운 나날을 보내신다. 대부분 70대에서 80대이며, 때로는 90대 어르신도 있다. 백발의 학습자들은 또박또박 따라 읽고, 소리 내어 따라 쓴다.

놀라운 점은, 시어머니와 며느리가 나란히 앉아 함께 배우고, 동서지간이 나란히 공책을 펼치는 장면도 종종 목격된다는 것이다.

그 모습은 하나의 교육 프로그램을 넘어, 세대와 관계를 넘은 '공동의 성장'을 보여준다. 한글 기초뿐 아니라 생활문해, 디지털문해, 스마트폰 사용법, 은행 업무, 문자 보내기에 영어 알파벳, 노래까지, 삶과 직결된 실질적인 배움이 이뤄지고 있다.

마을학교는 단기 강좌가 아니다. 3년에서 5년까지의 장기과정으로 운영되며 졸업식도 정식으로 거행된다. 또 더 배우고 싶은 어르신들은 과정 종료 후에도 계속 학습을 이어갈 수 있도록 문을 열어둔다. 그리고 2025년부터는 "할머니, 학교 가유"라는 이름의 특별한 프로그램도 시작되었다. 문해학교 어르신들이 실제 초등학교 교실에 가서 손주 같은 어린이들과 나란히 앉아 하루를 함께 배우는 1일 체험 학교다.

그 풍경은 말로 다 담을 수 없을 정도로 뭉클하다.

칠판 앞에서 선생님 설명에 고개를 끄덕이는 할머니, 자기 옆자리 할머니에게 연필을 건네는 초등학생, 그 하나하나가 배움의 가치를 새기게 만든다.

할머니들은 말씀하신다.

"평생 한을 풀었어요. 이제 내 이름도 내가 써요."

그 말씀을 들을 때면, 나는 괜히 눈가가 뜨거워진다.

어떤 분은 편지를 받아도 읽지 못해 동네 이장님에게 부탁하셨고, 어떤 분은 자신의 이름 석 자도 제대로 써본 적이 없다고 하셨다. 그러나 이젠 편지 봉투 위에 또박또박 자기 이름을 쓰고, 나에게 편지를 보내온다.

나는 반드시 손편지로 정성껏 답장을 쓴다.

그 시간은 시장이 아닌 '사람 이완섭'으로서 가장 보람 있고 행복한 순간이다. 할머니들은 나를 만나면 두 손을 꼭 잡고 말씀하신다.

"시장님 덕분에 내 인생이 달라졌어요." 그 따뜻한 말 한마디가 어쩌면 내가 시장으로 일할 수 있는 가장 큰 동력인지도 모르겠다. 그래서 나는 이 마을학교를 결코 멈추지 않을 것이다. 서산에서 "나는 글을 몰라요"라는 말이 완전히 사라지는 그날까지, 마을학교와 배움은 계속될 것이다.

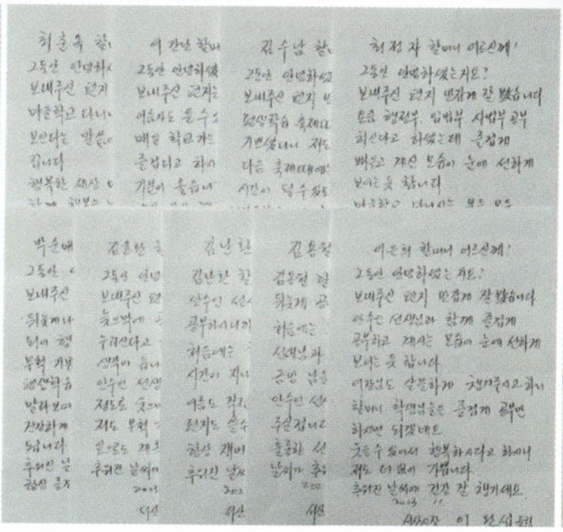

덧붙이는 이야기

가장 늦은 배움이 가장 깊은 감동을 주었다.
한 교실 안에서 글자를 배우는 백발의 어르신과
색연필을 나누는 초등학생이 '도시 전체를 가르치는' 시간이
오늘도 서산에 흐르고 있다.

8.

교육발전 특구,
아이들에게 희망을

아이들은 작은 발걸음으로
내일의 문턱을 넘고,
교실의 창문은 늘 먼 하늘을 가리킨다.
그 하늘 위로 날아오를
이 도시의 꿈들이 모여
한 줄기 푸른 바람이 된다.
교육은 씨앗이고,
그 씨앗을 지켜내는 손길이
도시의 운명을 바꾼다.
서산은 지금, 그 씨앗을 키우고 있다.

지역밀착형 미래인재 양성

교육은 백년지대계(百年之大計)이자 미래를 준비하는 본질적 분야다. 서산시는 2024년 2월 교육부 주관 교육발전특구 시범지역으로 선정되며 3년간 최대 100억 원의 국비를 지원받는다.

이는 지역 공교육 강화, 저출산 문제 해결, 균형발전을 도모하는 국가 전략과 맞물린 중요한 전환점이다. 서산 교육발전특구는 지역 산업 연계 인재 양성, 디지털 교육, 맞춤형 환경 조성을 핵심 축으로 추진된다.

서산시는 석유화학, 자동차, 첨단모빌리티(UAM) 등 지역 특화 산업과 연계한 학습 프로그램을 운영한다. 특히 2030년 상용화 목표인 UAM 분야는 교육과정에 선제적으로 반영하여 미래 전문인력을 양성하고 있다. AI·빅데이터 기반 맞춤형 학습 시스템을 도입하고, 자율형 공립고, 서산형 자유학기제, 고교학점제 정착으로 미래형 공교육 체제를 구축한다.

서산의 풍부한 농업자원과 산업 인프라를 활용하여 6차산업 연계 창의교육을 접목, 학생들이 1차 생산부터 3차 유통·서비스 전 과정을 체험하도록 돕고 있다.

돌봄체계 강화와 해봄센터 구축

방과 후 돌봄 프로그램 확대와 늘봄학교 운영은 학부모의 부담을 덜고 지역 정착 유인을 높이고 있다. 초등학생 전원을 대상으로 오후 8시까지 돌봄·교육을 제공하는 늘봄학교는 정주 여건 개선에 직접 기여하고 있다. AI 튜터링, 메타버스 기반 체험학습 등 혁신적 디지털 교육 인프라는 교육격차 해소에 중요한 역할을 한다.

명품 교육도시 도약을 위한 핵심 프로젝트로 서산시 해봄센터 공간 구축사업을 추진하고 있다. 동문동 구 한방병원 건물 1~2층에 총 35억 원을 투입한다.

1층(첨단 교육 거점)에는 AI·디지털 체험실을 구축하여 VR, 로봇, 드론, 생성형 AI 등 첨단기술을 경험하는 중·고등학생 전문 교육 공간으로 운영된다.

2층(돌봄 강화)에는 정원 100명의 다함께돌봄 해봄센터를 조성하여 정규 4반·긴급돌봄 1반 체제로 24시간 운영된다. 이는 맞벌이·한부모 가정의 부담을 실질적으로 덜어주며 저출산 대응에 핵심 역할을 한다.

혁신 프로그램과 산학협력

서산시는 AI·로봇·코딩 중심의 STEM/STEAM 융합교육을 확대하고, 정부보다 앞서 초등 3학년부터 코딩 교육을 선제 도입했다. 디지털교과서 도입에 맞춘 맞춤형 학습 경로 제공 시스템을 구축하여 학습자 수준에 따라 교육 내용이 자동 조정되는 미래형 학습 환경도 확대 중이다.

또한 HD현대오일뱅크, 한화토탈에너지스 등 지역 대기업과 연계한 인턴십·현장체험 프로그램을 확대하여 학생들의 실무 경험을 강화한다. 지역 산업 요구에 맞춘 교육과정은 졸업 후 자연스러운 지역 취업·정주로 이어지는 선순환 구조를 조성한다.

지역사회 협력 교육 생태계

서산형 마을교육공동체를 구축해 학교·가정·지역사회가 하나의 교육권역으로 움직인다. 평생학습도시와 연계된 시민대학, 세대 간 멘토링 등을 통해 전 시민이 함께 배우는 교육문화를 확산하고 있다. 작은도서관·문화센터 등을 활용한 분산형 학습센터 조성은 지역 전체를 하나의 학습 공간으로 확장시키는 혁신적 시도다.

서산의 교육혁신은 학교를 넘어 도시 전체를 하나의 배움터로 만드는 일이다. 교육이 지역 발전을 이끌고, 지역 발전이 다시 교육을 강화하는 선순환 구조를 만드는 것이 서산 교육발전특구의 목표다.

"아이 한 명을 밝히는 일은
도시 전체의 내일을 비추는 일이다."

서산시다함께돌봄센터
해봄센터
해봄
THE SUN RISING

10

약속된 미래의 씨앗

1.

국가산단을 향하여 – 서산 경제의 새로운 중심축

어둠이 내려앉던 산업의 들판에서
작은 불씨 하나가 오래 견디고 있었다.
그 불씨는 2016년 여수의 회의실에서 피어
국회의 흐름을 지나 다시 서산의 땅으로 옮겨왔다.
국가의 울타리 밖에서
오랜 시간 스스로 무게를 견딘 도시,
서산은 이제 190만 평의 역사 위에
140만 평의 내일을 더해
335만 평의 새로운 지도를 그린다.
산업의 빛은 바람에 흔들려도 꺼지지 않는다.
지속된 노력이 방향을 만들고
그 방향이 마침내 도시를 움직인다.
작은 불씨에서 시작된 흐름이
이제 서산의 미래를 여는 문턱에 서 있다.

여수에서 시작된 불씨,
서산에서 산업의 심장으로 자라나다

2016년의 결의, 2023년의 약속, 2025년 특별법 통과, 그리고 335만 평 국가산단의 미래.

2016년 6월 20일, 나는 김금배 기획감사담당관, 전성배 성장전략과장, 기획팀장과 함께 여수를 찾았다. 여수시청 회의실에서 주철현 여수시장(현 더불어민주당 국회의원)을 만나 나눈 대화는 지금까지도 잊히지 않는 강렬한 한 장면으로 남아 있다. 같은 석유화학단지를 품고 있는 도시임에도, 여수는 국가산단의 울타리 안에서 지원과 혜택을 받고 있었고, 서산은 개별산업단지라는 이유로 국가 책임체계 밖에 놓여 있었다.

우리는 그날 '석유화학단지 주변지역 지원대책 공동추진'과 '법인지방소득세 및 지방재정교부금 개편방안 공동대처'를 의제 처음 공식적인 자리에서 마주했다. 우리는 관련 특별법과 국가의 책임이 필요하다는 데 의견을 모으고 공동의 노력을 기울여나가기로 했다. 그 자리에서 시작된 논의는 여수에서는 주승룡 의원이, 서산에서는 성일종 의원이 특별법을 발의하는 흐름으로 이어졌다. 비록 그 어느 것도 당시 국회 문턱을 넘지 못했으나, 나는 그날의 대화가 훗날 더 큰 움직임으로 이어질 것임을 직감했다.

2023년 국회에서 다시 켜진 인연의 불빛

2023년 9월 5일, 국회에서 열린 '석유화학단지 주변지역 지원법 토론회'는 2016년 여수의 결의가 다시 살아난 자리였다. 공동 주최자는 성일종 의원과 주철현 의원. 토론회에 앞서 나는 주철현 의원실을 찾아 7년 전의 기억을 다시 꺼냈고, 그 자리에서 "이번에는 꼭 법안을 성사시켜달라"는 부탁을 드렸다. 주철현 의원은 "그때의 약속을 지키겠다"고 답했다. 그 약속은 2024년 마침내 현실이 되었다. 주철현 의원이 특별법 제정을 완수하며, 2016년 여수에서 심었던 씨앗은 7년의 시간을 건너 국회에서 2025년 12월 2일 꽃을 피웠다.

산업의 불빛이 희미해지던 시기,
나는 새로운 불씨를 보았다

현재 대산 임해지역의 산업 구조는 한계에 다다르고, 산업 지형이 빠르게 변하고 있다. 시에서는 일찍이 그 어둠 속에서도 꺼지지 않은 작은 불씨를 살리기 위해 움직였다. 그 불씨는 바로 서산의 다음 세대 산업, 서산의 미래였다. 그리고 그 불씨 위에 지금 우리는 새로운 산업의 심장을 심고 있다. 그 심장의 이름이 바로 '서산 신규 국가산업단지 지정 추진 계획'이다.

서산의 국가산단 계획은 단일 신규 부지를 조성하는 데 그치지 않는다. 현재 대산 일원에 조성되어 가동 중인 약 190만 평 규모의 기존 석유화학단지를 기반으로 하고, 그 주변에 약 140만 평을 더해 총 335만 평 규모의 국가산업단지로 재구성하는 것을 목표로 하고 있다. 이는 단순한 확장이 아니다. 서산 산업지도를 완전히 새롭게 그리는 작업이며, 기존 산업단지의 한계를 넘어 국가가 책임지는 산업생태계로 전환하기 위한 구조개편이다.

서산시는 이 구상을 토대로 정부에 국가산단 지정을 공식 건의했고, 충청남도 역시 도 차원의 최우선 전략사업으로 채택하여 강력한 지원을 약속하고 있다. 특히 2023년 6월 5일, 김태흠 충남도지사가 대산읍 독곶리 황금산 교차로 인근 현장을 직접 찾아 지역주민들과 만나 "대산 임해지역 신규 국가산업단지 조성에 도가 적극 나서겠다"고 밝힌 것은 서산 국가산단 추진의 동력이 서산시 차원의 약속을 넘어 광역단위의 정책적 의지로 확장된 중요한 전환점이었다.

그날 현장에서 들었던 주민들의 목소리– "산업의 무게를 더는 지역이 감당할 수 없다"는 절실함은 국가산단 추진의 당위성과 필요성을 더욱 또렷하게 새겨주었다.

서산시는 2024년 산업의 심장을 다시 설계했다. 3대 목표, 9대 전략, 40개 실천사업으로 구성된 정교한 사업도시 재설계안이 그것이다.

3대 목표는 공급망의 신속한 재편, 신산업 육성, 탄소중립 실현이며, 9대 전략은 스마트 제조, AI 기반 생산관리, 항만·물류 연계, 연구개발 인프라 확대, 수소·바이오 신소재 산업 육성, 탄소중립형 생산기반 구축 등 모든 전략이 미래산업의 방향성을 명확히 가리키고 있다. 또한 40개 실천사업은 에너지 순환형 폐수처리장, 수소 공급망, 바이오플라스틱 생산시설, 재생에너지 단지, 스마트 물류센터, 기업지원플랫폼, 근로자용 공공임대주택 등 산업과 도시가 함께 성장하도록 설계된 생태계가 촘촘히 담겨 있다.

기존 산단과의 시너지, 그리고 서산형 산업철학

대산산단·대산2산단·대산그린컴플렉스 등 기존 산업단지

는 대한민국 석유화학산업의 한 축을 담당해 왔다. 이제 서산은 이 기반을 고도화해 “산업이 있는 곳에 사람이 머물고, 사람이 머무는 곳에 새로운 산업이 자란다”는 철학을 실천하고 있다. 2025년 착수되는 정주여건 개선, 기업지원센터 확충, 산학연 연계 강화는 그 철학을 도시 전체로 확장시키는 장치가 되고 있다. 서산의 국가산단은 단순한 산업지구가 아니다. 첨단, 탄소중립, 상생이라는 세 가지 철학을 담고 있다. 산업의 첨단화, 환경의 탄소중립화, 지역의 상생화, 이는 선언이 아니라 실행의 원칙이며,서산이 미래산업의 중심도시로 도약하기 위해 반드시 지켜야 할 기준이다.

335만 평이 그려낼 새로운 서산

서산 국가산단이 완성되면 약 5만 명의 고용, 연간 15조 원의 생산유발 효과, 10조 원의 수출증대, 3조 원의 지역경제 파급효과가 예상된다. 그러나 이 숫자보다 더 중요한 것은 서산이 국가산단을 통해 얻게 될 도시의 새로운 이유, 그리고 사람이 다시 모이는 도시의 힘이다.

“도시의 경쟁력은 굴뚝의 높이가 아니라 그 굴뚝이 내뿜는 가치에 달려 있다.” 2016년 여수에서의 작은 불씨, 2023년 국회에서 다시 켜진 인연, 2025년 특별법의 통과, 그리고 지금 서산이 추진하는 335만 평 국가산단. 이 모든 흐름은 하나의 문장을 향해 모이고 있다. "산업의 불빛이 타오르는 곳에, 도시의 미래가 피어난다."

"불빛이 꺼지면 어둠이 오지만,
서산은 그 어둠 속에서 다시 불씨를 지폈다."

2.

산업·고용위기 선제대응 지역 지정 – 두 개의 불씨 다시 타오르다

불빛이 사라졌다고
도시의 심장이 멈춘 것은 아니다.
바람이 꺼뜨린 자리에도
재 속의 붉은 숨결은 남아
다시 타오를 순간을 기다린다.
나는 그 미세한 떨림에서
두 갈래의 내일을 보았다.
산업의 불씨,
사람의 불씨—
그 둘이 함께 살아날 때
도시는 비로소 다시 밝아진다.

한때 서산의 밤은 산업의 불꽃으로 빛났다. 대산석유화학단지는 전체가 거대한 엔진처럼 대한민국의 수출과 생산을 밀어올렸다. 한화토탈에너지스, LG화학, HD현대오일뱅크, 롯데케미칼 등 굴지의 석유화학기업이 이끄는 이곳은 국가 수출의

10%, 석유화학제품 생산의 20%를 담당하며 울산·여수와 함께 대한민국 산업을 떠받치는 3대 축으로 자리했다. 그러나 세계 시장의 파고는 잔혹했다. 글로벌 공급 과잉, 중동·중국의 증설, 국제유가의 불안정이 겹겹이 밀려오며 공단은 서서히 속도를 잃기 시작했다.

2024년 74.3%였던 단지 평균 가동률은 2025년 2분기 68%로 떨어졌고, 주요 기업들의 법인세 납부액은 32% 감소했다. 협력업체를 포함한 간접고용 인력 1,200여 명이 일터를 떠났으며, 지역 중소기업의 납품 물량은 30% 가까이 줄어 지역 전체 경제의 체온이 가파르게 내려갔다. 나는 이 상황을 단순한 산업지표의 하락으로만 보지 않았다. 이 숫자 속에는 생계의 무너짐, 가계의 생활고, 텅 빈 공단도로, 저녁이 되어도 등이 켜지지 않는 상가가 있었다. 산업의 위기는 곧 사람의 위기였다. 도시의 숨결이 흔들리는 순간이었다.

그래서 서산시는 충남도와 함께 즉각 대응체계를 구축했다. 현장 의견을 모으고, 시민들과 서명운동을 벌였으며, SNS를 통해 도시의 위기를 전국에 알렸다. 나는 충남시장군수협의회에서 공동건의문을 채택해 정부에 목소리를 전했고, 대산 석유화학기업 공장장 등 임원들을 만나 함께 공동노력을 기울여나갔다. 300여 개 기업은 공동건의문을 채택했고, 시민 5,000여 명의 의지가 하나의 목소리로 모였다. 그 결집된 의지가 마침내 결실을 맺었다. 2025년 8월 28일, 서산시는 산업통상자원부로부터 충남 유일의 '산업위기 선제대응지역'으로 지정되었다.

이 지정은 행정 절차의 성과를 넘어, "서산이 무너지도록 두지 않겠다"는 국가의 약속이었다. 산업위기 선제대응지역 지정 이후, 지원체계는 전례 없이 빠르게 가동됐다. 긴급경영안정자금 10억 원 지원(중진공), 경영애로자금 7천만 원 지원(소진공), 신용보증 특례 확대, 대출 만기 연장, 원금 상환 유예, 지방투자촉진보조금 우대율 상향(대기업 12%, 중소기업 25%), 지방교부세 약 600억 원 추가 배정 예정 등. 그러나 지원의 핵심은 단기 처방이 아니었다. 서산은 이 위기를 산업의 대전환 기회로 삼았다.

서산 산업을 다시 밝히는 '다섯 갈래의 불꽃'

SAF(지속가능항공유) 종합실증센터, 탄소중립 실증지원센터, CCU 실증플랜트, HVO 친환경 바이오연료 공장, UAM·AAV 핵심부품시험평가센터 등 나는 이들을 서산 산업의 새로운 "다섯 불꽃"이라 부르고 싶다. 과거의 굴뚝은 연기를 뿜었지만, 미래의 굴뚝은 탄소를 자원으로 순환시키고 새로운 에너지를 생산하는 기술의 상징이 된다.

또 하나의 결정적 전환점 – '고용위기 선제대응지역' 지정

2025년 11월 18일, 고용노동부는 서산을 '고용위기 선제대응지역'으로 지정했다.

고용위기 지정은 산업위기 지정과 맞물려 최소한의 구조적 방어막이 될 것이다. 실업자 누구나 국민취업지원제도 즉시 참여, 직업훈련 생계비 월 200만 원·최대 2,000만 원 대부, 국민내일배움카드 지원 한도 확대·자부담 완화, 기업의 고용유지 훈련, 휴업·휴직 지원 확대 지원, 재직자·구직자 대상 전환교육 및 직무 재설계 프로그램 강화 등으로 숨통을 틔워주었다.

시민이 만든 기적, 도시가 되찾은 불빛

산업위기와 고용위기 지역 지정은 행정만으로 가능하지 않았다. 서명운동에 참여한 5,000명의 시민, 300여 개 기업, 현장의 노동자, 지역 상공인들이 함께 만든 결과였다.

도시를 살리는 힘은 결국 시민의 의지다. 그리고 행정은 그 의지를 모으고 연결하는 도구 역할을 충실히 했다고 자부한다. 서산의 굴뚝은 더 이상 과거 산업의 상징으로만 남아 있지 않을 것이다. 그곳은 이제 새로운 에너지의 화덕(火德)이 되고, 탄소를 자원으로 돌리고, 위기를 혁신으로 바꾸는 실험장이 되고 있다. 산업의 불씨, 사람의 불씨. 그 둘이 하나로 타오르기 시작했다.

"위기는 언제나 새로운 길의 입구다.
불이 꺼졌다고 절망하지 말라. 재 속에서도 불씨는 숨 쉬고 있다."

3.

드론 실증도시,
기술이 일상이 되다

하늘을 가르는 하얀 선 하나가
섬과 육지, 도시와 농촌,
사람과 사람의 거리를 줄여 주었다.
바다 위를 건너는 바람처럼
드론은 우리 일상 속으로 스며들었다.
먼 미래의 이야기인 줄 알았던 기술이
오늘의 서산 하늘에서

5년 연속 선정, 서산이 드론 실증의 상징이 되다

나는 드론을 단순한 촬영 도구가 아니라, 서산의 미래를 여는 새로운 '하늘길'이라고 부르고 싶다. 드론은 AI, 5G 통신과 결합하며 도시 전 영역을 혁신하는 매개체가 되고 있다.

서산시는 2021년부터 2025년까지 5년 연속으로 국토교통부의 '드론 실증도시 구축사업'에 선정된 전국에서 유일한 기록을 세웠다. 이는 서산이 가진 최적의 지리적 여건, 과감한 정책 의지, 축적된 인프라가 인정받은 결과이다. 특히 K-드론 배송 상용화 사업은 서산을 드론 실증도시의 상징으로 만들었다. 2024년 한 해에만 총 비행거리 1만 635km, 2,993회 배송을 달성하며 전국적 성공 모델이 되었다.

고파도 등 도서지역을 연결하는 드론 물류 서비스는 생활물품뿐 아니라 긴급 의료용품까지 실어 나르며 '생활의 격차'를 줄이는 다리 역할을 한다. 서산우체국, 서산의료원과 협업해 소포, 의약품, 심장제세동기(AED) 등을 신속히 배송하는 이 시스템은 섬마을 주민들에게 '하늘의 생명줄'이다.

서산시는 2027년 6월까지 부남호, 가로림만, 삼길포항 등 3곳이 '드론 특별 자유화구역'으로 2회 연속 지정되었다. 각종 규제가 면제 또는 간소화되는 이 제도는 서산을 거대한 '야외 실험실'로 바꾸어 놓았다. 부남호에서는 미래항공모빌리티(AAM) 기술을 실증하고, 가로림만 등에서는 해상 드론 배송과 항만 자동화 기술 실증이 추진되고 있다.

산업 물류의 혁신과 스마트 농업

서산은 석유화학, 자동차, 항만 물류, 농업 등 산업 구조에 드론을 더하면서 단순한 장비 도입을 넘어 산업 생태계 전반의 체질 변화를 꿈꾼다. 석유화학단지에서는 위험지역 가스 누출 감지, 화재 예방 모니터링 등 사람이 어려운 구역에 드론을 투입하여 안전성과 효율성을 높이고 있다. 매주 목요일부터 토요일까지 중왕항을 거점으로 한 도서지역 드론 배송이 상용화되었고, 우체국 택배 드론배송 서비스 실증은 전국 최초의 사례로 표준이 되어가고 있다. 대산항에서도 드론을 투입해 운송시간이 기존 대비 약 66% 단축되는 효과를 보고 있다. 나는 이것을 '생활권의 재구성'이라고 부른다.

서산의 넓은 간척지는 드론 농업 실증의 최적지다. 드론이 작물 생육 상태, 병해충, 토양 수분을 촘촘히 기록하고, AI 분석을 통해 최적의 파종·시비·방제 시기를 알려준다. 정밀 살포 기술로 기존 대비 농약 사용량을 30~40% 줄이는 등 친환경적이고 효율적인 농업이 가능해졌다. 나는 서산의 들녘 위로 나는 드론의 그림자 속에서, 미래 농업의 새로운 교과서를 본다.

드론이 짜 올리는 스마트 시티와 공공 안전

서산시는 '스마트타운 챌린지 사업' 등을 통해 드론을 도시의 디지털 전환 핵심 도구로 활용한다.

드론은 교통 관리의 '하늘의 관찰자'로서 실시간 교통 상황을 수집하고, 교량, 터널, 송전탑 등 접근 어려운 시설물 점검을 대신하며 예방적 유지보수를 가능하게 한다.

갯벌, 가로림만 등 다양한 생태계를 지키기 위해서도 드론을 활용한다. 산업단지 대기질 모니터링, 하천 수질 모니터링, 철새 도래지 생태계 조사 등을 통해 '사후 대응'에서 '선제적 관리'로 전환하고 있다. 산불, 홍수 등 재난 대응과 치안 유지에도 드론을 도입했다. 응급상황 시 드론이 AED와 응급처치 키트를 먼저 현장으로 보내는 응급 의료 서비스는 섬·산간 지역의 생사의 갈림길을 바꾸는 기술이다. 나는 기술은 결국 사람을 향해 있어야 한다는 소신을 실천하는 도구로 드론을 선택했다.

연구개발과 미래 비전

서산은 드론 관련 기업과 연구기관에게 '반드시 한 번은 와봐야 할 도시'가 되어가고 있다. 드론 특별 자유화구역 지정은 다양한 기술을 실제 환경에서 실험할 수 있는 토대를 마련했다. 나는 서산이 단지 드론을 '쓰는 도시'를 넘어, 드론을 '만들고 연구하는 도시'로 성장해 청년층의 양질의 일자리를 창출하는 지역 활력 정책으로 이어지기를 꿈꾼다.

드론은 도구이고 수단이다. 중요한 것은 그 도구를 통해 무엇을 바꾸고, 누구를 돕고, 어떤 미래를 준비하느냐이다. 나는 서산이 드론이라는 날개를 달고 산업과 물류, 안전과 환경을 함께 끌어올리는 도시가 되기를 꿈꾼다. 그리고 그 날갯짓의 중심에 '사람'이 서 있기를 바란다.

"미래는 이미 여기 와 있다.
다만 고르게 퍼져 있지 않을 뿐이다."
– 윌리엄 깁슨(William Gibson)

4.

UAM-AAV,
하늘길을 열다

하늘은 언제나 우리 위에 있으면서도
누구에게 먼저 길을 내줄지 오래 고민해온 듯 서 있었다.
도시는 땅에서 길을 찾았고
사람들은 바퀴와 선로에 의지해 속도를 배우며 살아왔다.
그러나 시간이 다시 높이를 재기 시작했고
하늘은 또 다른 문 하나를 우리 앞에 보여주고 있다.
나는 그 문 앞에서 서산의 이름을 떠올린다.
하늘의 바람과 땅의 산업이 만나는 자리,
서산이 이제 새로운 길을 열 준비를 하고 있기 때문이다.

이 사업은 어느 날 갑자기 하늘에서 떨어진 선물이 아니었다. 나는 지금도 그 과정을 떠올리면, 한 도시가 미래를 향해 자신의 운명을 조금씩 고쳐 쓰는 장면들을 한 편의 느린 영화처럼 떠올리게 된다. UAM·AAV 핵심부품 시험평가센터 이야기는 중앙정부의 K-UAM 로드맵에서 시작되었지만, 서산 입장에서 본 진짜 출발점은 "이 미래 산업의 실험장을 어디에 둘 것인가"

를 두고 전국이 물밑 경쟁을 벌이던 시기였다. 2023년 말, 국회에서 다음 해 정부 예산안을 심사하던 자리에서 전남 고흥, 울산 등 여러 지역이 이 사업을 자기 지역으로 끌어오기 위해 치열하게 움직이고 있었다. 그때 성일종 국회의원이 예산 심사 과정에서 신규 예산 30억 원을 서산 사업으로 반영시키는 데 성공하면서, 이 국책사업의 입지는 사실상 서산으로 확정됐다.

이 예산 30억 원이 없었다면 이 거대한 그림이 서산이 아닌 다른 도시에서 시작됐을 가능성이 높다. 성일종 국회의원은 예산 반영 이후에도 "서산·태안 일대를 미래 항공산업의 중심지로 만들겠다"고 공언했고, 그 정치적 의지가 사업 추진의 강한 동력이 되었다.

예산이 잡혔다고 일이 저절로 굴러간 것은 아니다. 2024년 3월 5일, 충남도청에서 서산시 지역발전상생협의회, 충청남도, 현대차그룹이 함께 '그린에너지 기반 첨단 항공모빌리티 등 신산업 육성' 업무협약(MOU)을 맺은 날을 나는 또 하나의 전환점으로 기억한다.

이 협약은 "국가 예산 한 줄"이었던 사업을, 충남도 전체의 미래전략과 서산의 도시전략 한가운데로 가져오는 작업이었다. 충남도는 여기서 한 걸음 더 나아가, 서산·태안 천수만 일대를 하나의 클러스터로 엮어 미래항공모빌리티 생태계 조성을 추진하겠다는 종합계획을 세우기 시작했다.

당시 협약 당사자로는 김태흠 충남도지사, 성일종 국회의원, 이완섭 서산시장, 김맹호 서산시의회 의장, 김동욱 현대자동차그룹 부사장이 협약서에 서명했고, 현대자동차그룹 이향수 전무와 허현숙 상무가 배석했다.

행정 쪽에서는 그 이후 숨 가쁜 준비가 이어졌다. 서산시는 부석면 바이오웰빙연구특구를 중심으로 입지 후보지를 검토했고, 충남도와 함께 국토·환경·교통·군사 등 각종 규제와 인허가 조건을 하나씩 점검해 나갔다. 시험평가센터라는 이름은 거창하지만, 실제로는 소음·안전·비행공역·전원공급·접근도로까지 꼼꼼히 봐야 하는 까다로운 시설이다. 우리는 중앙부처와 한국자동차연구원, 충남테크노파크와 수차례 실무협의를 진행하며 "서산에서 시작할 수 있는지, 서산이 해야 하는지"를 끊임없이 검증했다. 2024년 8월에는 충남테크노파크가 주관해 '그린 UAM-AAV 핵심부품 시험평가 기반구축사업 기업지원' 공고를 내고, 관련 기업과 업종전환을 희망하는 중소·중견기업을 모집하기 시작했다.

센터 건물조차 올라가기 전에, 이미 기업 생태계와 시제품 제작, 업종전환 지원 체계부터 깔아두는 작업이 시작된 것이다. 나는 이 과정을 보며, 이 사업이 단순히 "건물 하나 짓고 끝나는 사업"이 아니라, 지역 산업의 체질을 바꾸려는 장기 프로젝트임을 다시 확인했다.

그렇게 준비의 시간이 흐른 뒤, 마침내 2025년 11월 6일, 부석면 서산바이오웰빙연구특구에서 '그린 UAM-AAV 핵심부품 시험평가센터' 착공식이 열렸다. 서산시장인 나로서는 감개가 무량했다. 성일종 국회의원의 감회는 더욱 컸을 것이다. 행사에는 우주항공청, 충청남도, 서산시, 성일종 국회의원, 현대자동차와 한화에어로스페이스 등 관련 기업, 그리고 시민 300여 명이 함께 했다.

이날 첫 삽을 뜨면서, 314억 원 규모의 국책사업이 22,588㎡ 부지, 연면적 2,915㎡, 5개 시험동과 버티포트·비행시험장을 갖춘 국내 최고 수준의 시험평가센터라는 구체적인 모습으로 서산 땅 위에 그려지기 시작했다.

센터는 2026년 하반기 준공을 목표로 하고 있으며, 완공 후에는 한국자동차연구원이 운영을 맡아 수소전기 시스템, 전기엔진, 프로펠러, 비행제어기, 항법·통신 모듈 등 UAM · AAV 핵심부품의 성능과 신뢰성을 평가하는 국가 기반시설이 된다. 충남도는 이 센터를 축으로 태안 국방 미래항공연구센터, 한서대 항공 특화 글로컬대학, 천수만 클러스터 마스터플랜을 연계해 도 전체의 미래항공모빌리티 전략을 본격화하고 있다. 국비 확보 역시 한 번으로 끝난 일이 아니었다. 2026년도 정부예산안에 그린 UAM-AAV 핵심부품 시험평가 기반구축 사업에 국비 63억 원이 반영되고, 2025년 12월 2일 국회 본회의장에서 증액까지 이뤄지면서 사업은 중단 없이 이어갈 동력을 확보했다.

이 과정에서 서산시는 수차례 국회를 찾아가 사업의 필요성과 당위성을 설명했고, 충남도는 도 차원의 전략사업으로서 재정·정책 지원을 약속했으며, 성일종 의원은 국회 예결위와 상임위를 무대로 예산을 지키고 보강하는 역할을 맡았다. 돌이켜 보면, 이 사업추진 과정은 한 도시의 꿈, 광역도정의 전략, 그리고 국회의 정치력이 맞물려 움직인 협업의 결과였다. 서산시는 부지를 제공하고 인허가와 행정 지원, 지역산업과의 연계를 책임졌고, 충남도는 광역 차원의 비전과 재정·정책 지원, 클러스터 전략을 설계했다. 성일종 의원은 처음 30억 원의 씨앗 예산을 심고, 이후 예산을 지키고 키워내며 중앙정치 무대에서 지역의 목소리를 관철시켰다.

나는 이 과정을 '누구의 공(功)이 더 크냐'의 관점으로 보고 싶지 않다. 중요한 것은 서산이라는 도시가 스스로를 "하늘을 준비하는 도시"로 정의하고, 그 정의를 현실로 만드는 과정에 이렇게 많은 주체들이 함께 올라탔다는 사실이다. 그 결과, 앞으로 대한민국의 UAM·AAV에 들어가는 핵심부품 상당수가 서산에서 시험평가를 거치게 될 것이다. 이것이 바로 이 사업추진 과정이 서산시에 남긴 가장 큰 의미다. 우리가 걸어온 행정의 발자국 하나하나가, 이제는 미래 항공도시 서산이라는 이름으로 하늘 위에 새겨지고 있기 때문이다.

"미래는 우리가 들어가기 전에 먼저 우리 안에서 시작된다."

— 존 F. 케네디(John F. Kennedy)

5.

수소도시,
친환경 미래로 가는 길

보이지 않는 것들이 때로는
도시의 운명을 바꾼다.
연기와 매연이 걷힌 자리에서
가벼운 기체 하나가 새로운 길을 열기 시작했다.
대산의 공단 깊은 곳에서 태어난 수소의 맑은 숨이
산업의 혈관을 타고 번져 나오며
도시의 심장을 다시 고동치게 한다.
굴뚝의 그림자가 짙어지던 시대를 지나
나는 이제 보이지 않는 불꽃으로
서산의 미래를 다시 쓰려 한다.
이 맑은 에너지가 아이들의 폐를 지키고
노인의 걸음을 부드럽게 감싸며
도시의 내일을 밝히는 등불이 되기를.
서산은 오늘, 그 보이지 않는 숨결로
새로운 세상을 향해 조용히 문을 열고 있다.

부생수소에서 찾은 서산의 경쟁력

도시의 방향은 때때로 눈에 보이지 않는 바람에서 결정된다. 굴뚝에서 피어오르던 연기와 매연의 시대를 뒤로하고, 보이지 않는 기체가 새로운 에너지로 자리 잡기 시작한 시점에 서산은 조용히 미래를 준비해 왔다. 대산석유화학단지에서 자연스럽게 발생하는 부생수소가 산업의 핏줄처럼 흐르고, 연료전지가 도시의 심장처럼 뛰는 시대가 눈앞에 다가오고 있었다. 나는 그 흐름을 단순한 가능성이 아니라, 미래 세대를 위한 새로운 길로 받아들였다. 이 흐름이 서산을 친환경 도시로 이끌 핵심 축이 될 것이라고 믿었기 때문이다.

2025년, 서산시는 국토교통부 제3기 수소도시로 선정되었다. 충남에서는 보령·당진에 이어 세 번째이며, 서해안 산업지대의 에너지 전환을 본격화하는 중요한 전환점이었다. 이 선정은 행정적인 절차 하나를 통과한 데 그치지 않는다. 서산이 가진 자원과 구조를 수소경제로 어떻게 대전환할 것인지 장기간 준비해 온 과정의 결실이자, 중앙정부가 서산의 가능성을 인정한 상징적 신호였다.

서산은 2025년부터 2028년까지 총 300억 원을 투입하여 주거·교통·산업 전반에 수소 기반 에너지 체계를 구축하는 사업을 추진한다. 이 사업은 시민의 일상 속에 '수소경제'를 실제로 작동시키는 작업이며, 서산형 수소 생태계를 완성해 나가는 여정이다.

서산 수소도시의 가장 큰 강점은 대산공단에서 자연적으로 발생하는 부생수소–즉, 생산 비용 부담 없이 확보할 수 있는 고품질의 에너지 자원이다. 다른 도시들이 수소 생산 자체에 많은 비용과 기술을 투입해야 하는 반면, 서산은 이미 흐르고 있는 자원을 활용하는 전략을 선택했다. 이 점이 서산을 대한민국 수소도시 모델의 현실적 성공 사례로 만들 수 있는 가장 중요한 근거다. 수소도시 사업은 주거·교통·산업 전 영역에서 다음과 같은 변화를 예고한다. 주거 부문에서는 수소연료전지를 활용한 친환경 주택 공급 모델을 실증하고, 도시와 농촌에 분산형 에너지 시스템을 도입한다. 이는 가정 단위에서 수소 기반 전력 공급이 이뤄지는 '생활 속의 수소도시'를 구현하는 첫 단계다.

교통 부문에서는 시내버스, 마을버스, 청소차 등 공공부문 차량을 수소버스로 전환하고, 민간 충전 인프라 확충과 연계하여 도시 전역을 수소 교통망으로 연결한다. 이 변화는 시민이 가장 빠르게 체감할 수 있는 수소도시의 모습이 될 것이다. 산업 부문에서는 대산공단 기반의 수소 생산·활용 구조를 확장하여 연료전지, 부품·소재 기업 유치 등 수소 산업 클러스터를 조성한다. 이는 서산의 산업 구조를 석유화학 중심에서 미래 에너지 산업 중심으로 전환하는 대규모 산업 재편 과정이기도 하다.

보이지 않는 뼈대를 세우는 일
– 인프라와 안전

수소도시의 핵심은 시민이 눈으로 보기 어려운 곳에서 완성된다. 수소의 생산·저장·운송·사용까지 전 과정을 하나의 유기적 시스템으로 통합해야만 안정적인 도시 운영이 가능하다. 서산은 부생수소 기반 위에 액화수소 저장 기술과 고압 저장 시스템을 병행 적용하고, 디지털 기반의 실시간 감시 체계를 구축하여 수소 전주기의 안전성을 확보하려 한다. 안전은 선택 사항이 아니라 전제 조건이다. 시민이 안심하지 못하는 수소도시는 존재할 수 없다. 서산은 수소 안전에 관해 가장 높은 기준을 세우고, 과학적 검증과 객관적 데이터를 통해 시민 신뢰를 단단히 쌓아가는 데 중점을 둔다.

대한민국 3대 석유화학단지를 보유한 서산은 수소경제 전환에 최적화된 도시다. 수소 생산과 활용이 동시에 가능한 산업 구조를 바탕으로, 연구기관과 대학, 기업이 함께 참여하는 수소 산업 클러스터를 구축하면 서산은 향후 수소기술 실증과 상용화의 거점 도시가 될 수 있다. 이는 단순히 산업 하나가 늘어나는 차원을 넘어, 청년 일자리 창출, 지역경제 체질 개선, 미래산업 생태계 확보 등 서산의 장기 성장동력을 만드는 일과 직결된다. 서산형 수소도시는 지역 경제의 미래 방향을 바꾸는 '새로운 성장판'이 된다.

수소도시는 행정이 혼자 만들어갈 수 없다. 기술과 시설이 아무리 완벽해도 시민이 이해하지 못하고 신뢰하지 않는다면 그 도시는 지속 가능하지 않다. 그래서 서산은 수소도시를 '시민과 함께 배우고 실험하는 도시 프로젝트'로 추진한다. 안전 교육, 시설 견학, 시민 설명회, 수소 체험 프로그램 등을 통해 시민이 직접 참여하고 이해할 수 있도록 한다. 수소도시는 결국 시민의 삶에서 출발해 시민의 삶으로 완성되는 도시 모델이다.

대한민국 미래를 여는 수소도시 서산

서산이 구축하려는 수소도시 모델은 전국적으로도 드문 실증 사례이며, 부생수소 기반 수소도시라는 점에서 국내외적으로 큰 관심을 받고 있다. 국토부 제3기 수소도시 선정은 서산의 가능성이 이미 국가적 차원에서 인정받았음을 뜻한다. 앞으로 서산은 수소 교통 확산, 수소 기반 전력 공급 확대, 산업 전환 성과 등을 통해 대한민국의 대표적 수소도시 모델로 자리매김할 것이다.

수소도시는 "오늘의 선택이 내일의 숨결을 바꾼다"는 믿음으로 시작된 서산의 도전이다. 아이들이 마시는 공기, 노년이 걷는 길, 청년이 일하는 공장이 달라지는 미래. 나는 그 미래를 수소라는 보이지 않는 선으로 하나씩 이어가고 있다.

"미래는 우리가 오늘 심은 씨앗이
내일 어떤 숲을 이루는가에 달려 있다."

6.

지속가능항공유SAF로 여는 서산의 미래

바람은 언제나 같은 결을 지닌 듯 보이지만,
세월과 기술은 그 숨결을 끊임없이 바꾸어 왔다.
검은 연기와 무거운 굴뚝의 시대를 지나며
하늘은 마침내 더 맑은 길을 요구하기 시작했다.
오래된 산업의 그림자 위로
순환의 빛이 서서히 스며들고,
유전(油田)의 언어로 움직이던 도시들은
이제 푸른 하늘을 지키는 기술을 부르고 있다.
새로운 연료가 열어젖힐 미래의 창가에서
세상은 묻는다.
어떤 도시가 먼저
하늘의 방향을 바꿀 것인가.

SAF는 기술이 아니라 문명의 전환이다

지속가능항공유(SAF)는 기존 항공유 대비 최대 80% 탄소를 감축할 수 있는 혁신적 연료다.

그러나 SAF는 단순한 연료 진화의 문제가 아니다. 이것은 기후위기 시대의 새로운 문명 질서, 국가 경쟁력을 다시 설계하는 에너지 체계이며 대한민국 산업의 미래 패권을 좌우할 분기점이다. 국제사회는 이미 변화의 속도를 높이고 있다. EU는 2025년부터 SAF 혼합 의무화를 시작했으며, 2050년에는 그 비율을 70%까지 끌어올 계획이다. 대한민국 역시 2027년부터 국제선 항공유에 SAF 1% 의무도입을 앞두고 있다. 이 거대한 전환의 흐름 속에서 SAF 생태계를 구축하는 일은 선택이 아니라 필연이었다.

2024년, 정부는 대한민국 최초의 SAF 전주기 통합실증센터 공모를 발표했다. 원료 실증에서 생산·시험평가·안전 검증·국제 인증까지 SAF 산업의 모든 과정을 한 곳에서 수행하는 국가급 플랫폼이었다. 여수, 경북 안동 등 강력한 경쟁 도시들이 유치전에 뛰어들며 각축전으로 들어섰다. 그 속에서 서산이 내세운 강점은 명확했다.

먼저, 대산석유화학단지라는 기술 기반의 이점이다. 수십 년간 축적된 정제·화학 공정은 SAF 생산 체계로의 전환 가능성을 이미 품고 있었다. 기존 인프라의 전환이 용이하다는 점은 다른 도시가 쉽게 따라올 수 없는 서산의 자산이었다.

둘째, 대산항이 가진 국제 물류 경쟁력이다. SAF는 원료 수입과 완제품 수출이 필수적이다. 그 기능을 동시에 수행할 수 있는 항만을 가진 도시는 드물다. 대산항은 SAF 산업의 성장에 최적화된 국제 관문이었다.

셋째, 탄소중립·수소·CCU 등 미래산업과의 연계성이다. 서산은 이미 에너지 전환 정책을 단계적으로 실행해 왔다. SAF 산업이 뿌리내릴 토양은 충분히 마련되어 있었다.

치밀한 논리와 행정력, 그리고 흔들림 없는 설득

이러한 강점과 함께 치밀한 논리와 행정력, 그리고 흔들림 없는 설득이 주효했다.

서산시는 실사, 자료검증, 부처협의를 반복하며 치밀한 유치 논리를 구축했다. SAF 산업의 세계적 흐름, 대산산단의 기술적 확장성, 대산항의 물류 효율, 시험·인증·R&D 집적 가능성, 지역사회·기업·학계의 참여 의지 등 모든 요소를 객관적 지표와 치밀한 분석으로 정리해 정부와 전문가들이 요구하는 수준을 넘어서는 전략 문서로 제출했다.

유치의 본질은 결국 설득이다. 서산시는 모든 논리와 데이터를 총동원하며 "SAF 산업은 서산에서 완성될 수밖에 없다." 이 진실을 묵직하고도 분명하게 제시해 나갔다.

그러나 국가사업은 행정력만으로 성취되기 어려운 경우가 적지 않다. 정책의 우선순위는 정부와 국회를 관통하며 결정되기 때문이다. 이 과정에서 성일종 국회의원의 정무적 지원은 큰 힘이 되었다. 정무와 행정, 지역과 중앙이 정확히 맞물리는 순간 유치전의 저울은 서산 쪽으로 기울기 시작했다. 그리고 마침내 서산은 여수 등 강력한 경쟁지역을 물리치고 SAF 종합실증센터의 최종 부지로 선정되었다. 이로서 서산은 대한민국 최초 아시아 태평양 지역에서 유일한 SAF 시험평가 인증지원센터를 갖게 된 것이다. 이 성과는 한 도시의 행정적 성취를 넘어 대한민국 항공·에너지 산업의 미래를 바꾸는 중대한 사건이었다.

실증센터 유치의 성과는 곧바로 산업 생태계 확장으로 이어졌다. 서산시는 2025년 12월 8일, 충남도(김태흠 도지사), HD현대오일뱅크(송명준 대표이사)와 대규모 투자협약(MOU)을 체결했다.

99,141㎡ 신규 산업부지 개발, 약 10,000㎡를 실증센터 핵

심부지로 배정, 나머지 부지는 친환경·탄소저감 신산업 플랜트 유치에 활용, 정부－정유사－지자체가 연결되는 완전한 SAF 산업 생태계 구축 등이 협약내용의 골자였다. 이로써 실증센터－정유시설－항만－연구개발이 하나의 유기적 체계로 연결된 대한민국 최초의 SAF 도시 모델이 완성되었다.

SAF는 서산의 미래전략과 완벽히 맞닿아 있다. 폐식용유·농업부산물·지역폐기물을 SAF 원료로 전환하는 순환경제 모델, 항공산업의 탄소 감축이라는 환경적 가치, 고부가가치 일자리 창출과 R&D 집적이라는 경제적 가치 등 이 모든 흐름이 서산이라는 한 도시 안에서 선순환을 이루기 시작했다. 2025년 12월 17일 충남도(원형식 정무부지사)와 서산시(이완섭 서산시장) 고등기술연구원(김진균 원장)은 충남도청에서 고등기술연구원 충남분원 설립 업무협약을 체결했다.

이번 협약은 서산이 SAF 산업을 선도하는 핵심거점으로 도약하기 위한 중요한 출발점이며, 연구개발과 실증을 연계한 SAF산업 거점으로서의 위상이 한층 강화될 것이다. 서산은 더 이상 '석유의 도시'만이 아니다. 서산은 이제 그린 에너지 도시, 그리고 미래를 먼저 읽고 준비하는 도시다. 이 길이야말로 미래 세대에게 건네는 가장 아름다운 약속이 될 것이다.

"우리는 지구를 조상에게서 물려받는 것이 아니라
미래 세대에게서 빌려 쓰는 것이다."
- 북미 인디언 속담

7.

생분해성 바이오산업으로 지구를 살리다

한때는 검은 연기가 시간을 재고
철의 숨결이 도시의 맥을 움켜쥐던 곳,
오래된 공정의 뿌리 위로
보이지 않는 새싹 하나가 조용히 올라왔다.
버려진 것이 다시 길을 찾고
석유의 냄새가 생명의 향으로 바뀌는 순간,
도시는 스스로의 체질을 바꾸는 법을 배웠다.
화학의 숲이 바람을 바꾸자
미래는 소리 없이, 그러나 분명히
다른 문을 열기 시작했다.

시범도시에서 전략으로 – 순환경제의 첫 장(章)

도시의 변화는 늘 미세한 공기에서 시작된다. 굴뚝의 그림자 아래 오랫동안 석유의 냄새를 품어온 서산에서도, 어느 순간 나는 그 공기 속에 다른 결이 스며들고 있음을 느꼈다. 한 번 쓰고 버려지던 플라스틱의 생이 다시 열리고, 땅속에 묻히던 자원이 순환의 회로를 타고 되돌아오는 작은 움직임들. 그 조용한 파문들이 겹치며 서산은 '화학의 도시'에서 '바이오의 도시'로 건너갈 준비를 하고 있다. 서산은 화학에서 바이오로 건너가야 한다.

대산석유화학단지는 이미 거대한 뿌리를 가진 숲이다. 공정과 설비, 파이프라인과 인력은 세계 어느 산업지대에 내놓아도 손색이 없다. 중요한 것은 이 뿌리를 베어내는 일이 아니라, 그 위에 무엇을 겹쳐 키울 것인가이다. 생분해성 소재, 미세조류 기반 바이오연료, 친환경 의약품 원료 같은 씨앗들이 이 숲에 내려앉을 때, 도시는 석유의 체취를 지우는 대신 생명의 향을 덧입게 된다. 미래는 새로 짓는 방식이 아니라, 이미 가진 것을 겹쳐 쓰는 방식으로 열린다고 믿는다.

탄소순환 시범도시 – 전환의 신호탄

민선 8기 들어 서산시가 추진한 탄소순환 시범도시 사업은 그 믿음의 첫 실천이었다. 2025년부터 2029년까지 5개년, 약 172억 원 규모로 설계된 이 사업은 AI 기반 분리·선별·자원화·재생산을 하나의 사슬로 묶어 '버려진 것을 다시 쓰는 도시'를 구현하는 일이다. 자원회수시설, 하루 320톤을 처리하는 바이오가스화시설, 대산석유화학단지를 하나의 구조로 엮어 서산을 "이미 준비된 실증도시"로 정의했다.

그 결과 서산은 2025년 7월, 산업통상자원부 탄소순환 시범도시로 전국 최초 선정되며 순환경제 전환의 상징적 첫발을 내디뎠다.

이는 공모 선정 이상의 의미를 지닌다. 산업 구조 전환을 향한 국가적 신호가 서산을 통해 켜진 순간이었다. 이어 2025년 8월 12일, 14개 기관이 참여한 탄소순환 플랫폼 기술개발 업무협약이 체결되었고 서산은 실증을 넘어 국가 R&D 전주기 플랫폼을 품는 도시로 확장될 것이다. 공공시설과 축제장, 학교와 생활 SOC까지 실증 무대가 넓어지며 도시 전체가 하나의 '순환 실험장'으로 바뀌게 될 것이다.

"화학과 바이오가 만나는 도시" – 융합 클러스터의 설계

서산의 다음 과제는 이를 '바이오 융합 클러스터'로 키워내는 일이다. 그 첫 단추가 바이오소재 상용화 연구센터다. 국비 R&D와 충남도비, 서산시비, 산업단지 대체투자에 더해 대산 3사와 중견 소재기업 컨소시엄의 민간 출연을 결합해 약 1,200억 원 규모의 재원을 구상하고 있다.

이 센터가 문을 열면 서산에는 '그린 케미스트리 플랫폼(綠色化學 平臺)'이 자리 잡는다. 산·학·연·기업이 동시에 실증과 파일럿 테스트를 수행하고, 도시 전체가 화학과 바이오가 공존하는 하나의 공장처럼 작동하는 구조다. 로드맵은 2026~2027년 착공, 2027~2028년 파일럿 라인 상시 가동, 2028~2029년 인증과 양산 이전 단계 구축. 그리고 2030년, 바이오·그린소재 산업 지역 매출 1조 원의 관문을 연다.

파트너는 대산 3사를 중심으로 해양·미생물 전문 연구진, 시험·인증기관, 지역 대학과 폴리텍의 인력 양성 라인까지 촘촘히 연결된다. 연간 1천 명 내외의 전문 인력이 서산 산업 생태계로 스며들며, 이는 단순한 연구센터를 넘어 서산 경제의 20년 뒤를 다시 설계하는 구조 전환의 축이 되리라 본다.

실패를 계산하는 도시 – 그래서 성공한다

이 길이 쉽게 성공의 가도를 달려간다고 보지는 않는다. 어려움이 따르는 부분도 분명히 있을 것이다. 바이오소재 산업은 원가와 규모경제, 규제라는 세 바람 앞에서 쉽게 흔들린다. 그래서 서산은 준비한다. 석유화학 공정의 유틸리티와 물류를 공유해 초기 비용을 낮추고, 국가 표준과 인허가(許可)를 시범 단계에서 먼저 정비한다. AI 기반 순환 플랫폼에서 축적되는 데이터는 규제 합리화와 표준화의 출발점이 된다. 흔들릴 때 잡아줄 기초체력, 그것이 서산이 가진 가장 큰 자산이다.

화학과 바이오의 공존은 구호가 아니라, 실제로 돌아가는 공장이 될 수 있다.

탄소순환 시범도시, 바이오 융합 클러스터, 그린 케미스트리 플랫폼은 결국 하나의 문장으로 수렴한다.

서산은 버려지는 모든 것으로부터 미래를 다시 설계하는 도시가 되도록 해야 한다. 기후위기의 시대, 도시는 규모가 아니라 전환 능력으로 경쟁한다. 서산은 그 전환의 첫 줄을 이미 써 내려가기 시작했다. 언젠가 이 도시가 석유의 냄새 대신 생명의 향으로 기억될 날, 우리는 서산이 세계 앞에 내놓을 지속가능도시의 새로운 원형(原型)을 보게 될 것이다.

"뿌리를 지킨 자만이 새 잎을 틔우고,
새 잎을 키운 자만이 숲을 완성한다."

8.

이차전지 – 보이지 않는 금광金鑛을 캐다

땅속엔 금맥이 없다고들 말하지만
미래의 금은 흙이 아니라 전자의 흐름 속에서 빛난다.
보이지 않는 결정을 품은 재료 하나가
한 도시의 운명을 바꾸는 지렛대가 된다.
바람을 저장하고, 시간을 축적하며,
산업의 피와 같은 전류를 품어내는 심장
그 심장을 만드는 기술을 붙잡는 순간
도시는 더 이상 소비지가 아니라 생산의 원천이 된다.
어둠을 밝히는 불씨는
언제나 가장 보이지 않는 곳에서 시작된다.

전기의 심장은 배터리다. 대산에는 이미 LG화학과 SK 계열의 소재·부품 라인이 숨처럼 움직이고 있다. 이 산업의 토양에 양극재·음극재·전해액까지 결박해 완결형 이차전지 소재 클러스터를 구축하는 방안이 있다. 인근 산업단지를 유기적으로 잇고, 2026년 착수를 목표로 서산 배터리 실증연구센터를 세워

ESS·중대형팩·리사이클링까지 한 번에 검증하도록 설계가 가능하다. 이 클러스터와 센터에 걸친 10년 투자 규모는 1.5조~3조 원, 기업 CAPEX와 정책금융, 국책R&D, 산업위기 선제대응지역 특별회계를 동시에 두드리는 방식으로 짠다.

그러나 이차전지 산업의 본질은 '만드는 기술'이 아니라 순환의 사슬을 붙잡는 능력에 있다. 폐배터리는 회수 → 잔존가치 평가 → 소재 회수 → 세컨드라이프 ESS로 이어지고, 재생에너지 그리드와 맞물려 도시 전력의 완충재가 된다. 이 시스템이 정착되면 서산은 더 이상 단순 제조도시가 아니다. 전력안정화와 저장산업의 허브도시가 된다. 직·간접 고용은 약 1만 명, 지역총생산은 연 2~3조 원의 플러스 효과. 중요한 건 규모가 아니라 가치사슬을 우리 땅에 묶어두는 힘이라고 하겠다. 그 자체가 도시의 방파제가 되기 때문이다.

이 길을 막는 가장 큰 적은 절차·환경·소송·원가다. 그래서 사전 인허가 패스트트랙, 환경영향 선제 진단, 생활보상·상생 펀드를 기본 장치에 넣는다. 원가는 에너지·물류·유틸리티 공유로 낮추고, 수요는 공공 선도구매와 글로벌 기업 장기계약으로 묶어 안정성을 확보한다.

산업이 바뀌면 도시의 하루가 바뀐다. 이 전략이 맞물리는 순간, 서산의 하루 풍경은 조용히 달라진다. 집 옥상에서 생산된 전기가 동네 ESS에 쌓이고, 저녁이면 전력요금이 낮아진다. 하늘택시는 사람의 업무 반경을 넓히고, 자율주행 셔틀은 어르신의 병원길을 잇는다.

공장 굴뚝의 탄소는 포집되어 다시 원료로 돌아오고, 아이의 연필꽂이는 생분해성 소재로 바뀐다. 청년은 '떠날 도시'를 계산하지 않고 '남아 만들 도시'를 계산한다. 거시적으로는 지역총생산 연 3~5조 원 증가, 직·간접 고용 2만 명 내외, 온실가스 감축 수십만 톤, 전력자립도 60~70% 같은 지표들이 따라온다. 그러나 진짜 변화는 숫자가 아니다. "우리 도시는 미래를 수입하지 않고 스스로 생산한다"는 자존감이다. 도시의 미래는 정책이 아니라 실행(實行)에서 결정된다. 나는 바람·햇살·기술·규범·사람을 한 자리에 모아, 서산을 대한민국의 미래를 설명하는 도시로 바꾸려는 꿈을 꾼다. 비전은 실행하지 않으면 비전으로 끝난다. 그러나 시작이 반이라 했다. 시작하면 이룰 수 있다.

"천하의 큰 일은 반드시 작은 것에서 비롯된다."

에필로그

"내일을 위한 오늘의 약속, 서산의 모든 길은 시민에게 닿는다"

오늘을 넘은 자리에서, 나는 다시 내일을 바라본다.

책의 마지막 장을 덮는 이 순간에도 시간은 멈추지 않고 흐른다.

글자는 자리에 남고 삶은 또 한 발 앞으로 나아간다. 나는 이 책을 끝내지만 나의 길은 여기서 끝나지 않는다. 끝이 아니라, 다음 문 앞에 서 있을 뿐이다.

나는 평생을 '오늘' 속에서 살아왔다. 행정의 언어로 말하면 오늘은 늘 결정의 단위였고, 삶의 언어로 말하면 오늘은 언제나 책임의 무게였다. 미루면 내일이 되는 일이 있었고, 미루면 기회가 사라지는 일도 있었다. 그래서 나는 자주 스스로에게 묻곤 했다. 지금 이 선택이 내일을 향해 열려 있는가라고.

이 책에 담긴 이야기들은 특별한 영웅담이 아니다. 성공의 연속도, 미화된 기록도 아니다. 흔들렸던 순간, 오해받았던 시간, 실패의 그림자와 다시 일어선 과정까지, 내가 밟고 지나온 현장의 기록이다. 공직자 이전에 한 사람으로서, 시장 이전에 한 시민으로서, 매 순간 선택 앞에서 망설이고 또 결단했던 흔적이다.

돌이켜보면 중요한 순간마다 길은 늘 갈라져 있었다. 편한 쪽과 옳다고 믿는 쪽, 빠른 길과 돌아가는 길, 박수받는 선택과 침묵을 감수해야 하는 선택 사이에서 나는 완벽하지 않은 인간으로서 고민했다. 그러나 한 가지 기준만은 끝내 놓지 않으려 했다. 이 결정이 나를 편하게 하는가가 아니라, 공동체를 앞으로 가게 하는가라는 물음이다.

나는 이 책을 통해 무엇을 남기고 싶었을까. 답은 분명하다. 성과보다 과정, 결과보다 태도, 직위보다 사람이다. 도시는 정책으로 움직이지만, 결국 사람의 신뢰 위에 서 있다. 행정은 숫자로 평가되지만, 시민의 체온으로 기억된다. 그래서 나는 언제나 기록하려 했다. 설명하려 했다. 오해를 감수하더라도 말하려 했다. 침묵이 편한 순간에도, 기록은 반드시 남겨야 한다고 믿었다.

이 책을 읽는 독자에게 부탁하고 싶은 말이 있다. 이 책을 하나의 답으로 받아들이지 않았으면 한다. 대신 질문으로 남겨주길 바란다. 나는 오늘을 어떻게 살고 있는가, 내 선택은 내일을 향하고 있는가라는 질문 말이다. 공직자이든, 직장인이든, 부모이든, 청년이든, 그 질문 앞에서는 모두가 같은 출발선에 서 있다.

내일은 저절로 오지 않는다. 내일은 준비된 오늘 위에만 놓인다.

오늘을 넘어야 비로소 내일이 있다. 나는 다시 오늘로 돌아간다. 아직 해야 할 일이 남아 있고, 고쳐야 할 정책이 있으며, 들어야 할 목소리가 있다. 이 책은 마침표가 아니라 쉼표다. 숨을 고르고, 방향을 점검하고, 다시 걷기 위한 짧은 정지선이다.

언젠가 시간이 더 흘러 이 책이 오래된 기록이 되더라도, 그 안에 담긴 마음만은 바래지 않기를 바란다. 사람을 향해 걷는 행정, 내일을 두려워하지 않는 선택, 오늘을 회피하지 않는 자세. 그것이 내가 이 책을 통해 남기고 싶은 단 하나의 문장이다.

마지막으로 이 말을 남기며, 나는 다시 길 위에 선다.

이제, 또 하나의 오늘이 시작된다.

서산시 광역 자원회수시설 준공식
Merry Christmas
배움으로 더 빛나는
해미청소년문화의집 대학생 서포터즈 '다원'
성평등가족부장관상
밸런스vs게임
저희 마음 가득 담았습니다

교통사고
미세먼지
이용불편
서산 모항 국제크루즈선 운항
2025. 11. 13
롯데관광개발(주)
화리더아카데미
이 완 섭
제14회
아시아 조류박람회
14th Asian Bird Fair SEOSAN
그린 UAM-AAV 핵심부품 시험평가센터
착공식

빠른 수해 복구, 안
통장협의회
도약하는 서산, 살맛나는 서산
서산시 최초 도입
빠른 수해
2025-2026
충남 서산 방문의
이 완 섭

제31회
충청남도장애인
미소 팝업 스토어 OPEN!
法古創新
도전한국인
서산농산물 최고에요
2025년 대한민국 희망프로젝트
도전페스티벌
도전한국인 시상
도전포럼
"함께하는 운산의 힘! 사랑모아 희망모
운산면 기관사회단체 수해복

출간후기

선택에 끝까지 책임을 지는 당당함 “오늘의 정면 돌파가 서산의 내일을 여는 빛이 되기를”

도서출판 행복에너지 대표
권선복

책을 만들며 저는 늘 스스로에게 질문합니다. “독자는 이 기록을 덮으며, 과연 무엇을 마음에 남기게 될까.” 이 질문은 단순한 편집자의 고민이 아니라, 한 권의 책이 세상에 나올 자격이 있는지를 스스로에게 묻는 출판인의 가장 본질적인 물음이기도 합니다.

이완섭 저자의 원고를 읽으며, 저는 그 질문에 대한 분명한 답을 얻었습니다. 이 책은 성과를 나열하기 위한 홍보용 기록이 아닙니다. 『오늘을 넘어야 내일이 있다』라는 제목 그대로, 한 도시의 책임자가 갈등과 오해, 비판과 부담이라는 ‘오늘’의 현실을 어떻게 정면으로 마주하고 넘어섰는지를 차분하고 정직하게 담아낸 책임의 기록입니다. 원고 곳곳에는 화려한 수식이나 과장된 언어 대신 지도자로서의 태도가 묵직하게 흐릅니다. 시민을 대하는 진정성, 행정을 바라보는 분명한 기준, 그리고 이미 결과로 증명된 일들을 굳이 크게 말하지 않는 절제된 자세는 이 책에 깊은 신뢰를 더합니다.

말이 앞서는 기록이 아니라, 시간과 현장이 쌓아 올린 태도가 자연스럽게 드러나는 기록입니다.

이완섭 저자는 늘 화려한 결과보다 그 결과에 이르기까지의 치열했던 과정을 먼저 돌아봅니다. "오늘의 어려움을 회피하지 않고 넘어야만 서산의 내일이 있다"는 그의 기준은 이 책 전체를 관통하는 단단한 축이 됩니다. 그 기준이 있었기에 "도약하는 서산" "살맛 나는 서산"은 구호에 머무르지 않고 현실이 될 수 있었습니다. 독자들은 이 기록을 따라가며, 왜 이 도시가 달라졌는지를 자연스럽게 이해하게 됩니다.

도시는 사람으로 기억되고, 행정은 태도로 평가됩니다. 이 책은 그 자명한 사실을 가장 설득력 있는 방식으로 증명합니다. 결과보다 과정을 숨기지 않는 용기, 비판 앞에서 물러서지 않는 책임감, 그리고 선택의 무게를 끝까지 감당하는 자세가 한 사람의 리더를 어떻게 신뢰로 이끄는지를 이 기록은 조용하지만 분명하게 보여줍니다.

이 책은 특정한 직위나 지역의 이야기에 머물지 않습니다. 각자의 자리에서 오늘을 살아가는 모든 이들에게 묻고 있습니다. 지금 당신은 오늘을 피하고 있는가, 아니면 정면으로 넘어가고 있는가를 말입니다. 부디 이 책이 독자 여러분 각자의 삶 속에서도 주저함 대신 용기를, 체념 대신 선택을, 불안 대신 책임을 떠올리게 하는 작은 등불이 되기를 바랍니다.

좋은 **원고**나 **출판 기획**이 있으신 분은 언제든지 **행복에너지**의 문을 두드려 주시기 바랍니

ksbdata@hanmail.net   www.happybook.or.kr   문의 ☎ 010-3267-6277

'행복에너지'의 해피 대한민국 프로젝트!

<모교 책 보내기 운동> <군부대 책 보내기 운동>

한 권의 책은 한 사람의 인생을 바꾸는 힘을 가지고 있습니다. 한 사람의 인생이 바뀌면 한 나라의 국운이 바뀝니다. 그럼에도 불구하고 많은 학교의 도서관이 가난하며 나라를 지키는 군인들은 사회와 단절되어 자기계발을 하기 어렵습니다. 저희 행복에너지에서는 베스트셀러와 각종 기관에서 우수도서로 선정된 도서를 중심으로 <모교 책 보내기 운동>과 <군부대 책 보내기 운동>을 펼치고 있습니다. 책을 제공해 주시면 수요기관에서 감사장과 함께 기부금 영수증을 받을 수 있어 좋은 일에 따르는 적절한 세액 공제의 혜택도 뒤따르게 됩니다. 대한민국의 미래, 젊은이들에게 좋은 책을 보내주십시오. 독자 여러분의 자랑스러운 모교와 군부대에 보내진 한 권의 책은 더 크게 성장할 대한민국의 발판이 될 것입니다.

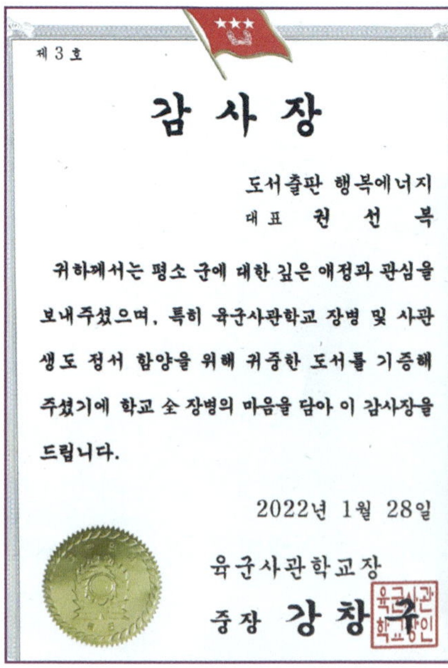

제 3 호

감 사 장

도서출판 행복에너지
대표 권 선 복

귀하께서는 평소 군에 대한 깊은 애정과 관심을 보내주셨으며, 특히 육군사관학교 장병 및 사관생도 정서 함양을 위해 귀중한 도서를 기증해 주셨기에 학교 全 장병의 마음을 담아 이 감사장을 드립니다.

2022년 1월 28일

육군사관학교장
중장 강 창 구

도서출판 행복에너지